中国文化

建筑

蔡燕歆 著

五洲传播出版社

图书在版编目（C I P）数据

中国文化. 建筑 / 蔡燕歆著. -- 北京 : 五洲传播出版社, 2025.1
ISBN 978-7-5085-5218-7

Ⅰ. ①中… Ⅱ. ①蔡… Ⅲ. ①中华文化②建筑史—中国 Ⅳ. ①K203②TU-092

中国国家版本馆CIP数据核字(2024)第088904号

中国文化系列丛书

主　　编：王岳川
出 版 人：关　宏

中国文化·建筑

著　　者：蔡燕歆
责任编辑：高　磊
图片提供：FOTOE　中新社
装帧设计：丰饶文化传播有限责任公司
出版发行：五洲传播出版社
地　　址：北京市海淀区北三环中路 31 号生产力大楼 B 座 7 层
邮　　编：100088
电　　话：010-82005927，82007837
网　　址：www.cicc.org.cn
承 印 者：北京圣彩虹科技有限公司
版　　次：2025 年 1 月第 2 版第 1 次印刷
开　　本：889×1194mm 1/16
印　　张：11
字　　数：200 千字
定　　价：88.00 元

目录

序言

中国建筑发展的历史，最早大概可以追溯到禽兽虫蛇横行的上古时代，“有圣人作，构木为巢，以避群害”（《韩非子·五蠹篇》），从那时起，就开始了中国古建筑以木结构为主，以砖、瓦、石为辅的发展历程。中国古代建筑不仅是现代建筑设计的借鉴，而且早已产生了世界性的影响，成为举世瞩目的文化遗产。欣赏中国古建筑，就好比翻开一部沉甸甸的史书，那洪荒远古的传说、秦皇汉武的丰功、大唐帝国的气概、明清宫禁的烟云，还有湮没在史书中的千千万万普通劳动者的聪明才智，都一一被它形象地记录了下来。

湖南凤凰古城俯瞰。凤凰古城较完整地保留了明清时期形成的传统格局和历史风貌，民居建筑有江西、贵州主流徽派建筑的特点，并结合当地的经济情况、民族特色，创造了有自己特色的湘西建筑。

从建筑类别上说，中国古建筑包括皇家宫殿、寺庙殿堂、宅居厅室、陵寝墓葬及园林建筑等。其中宫殿、寺庙、陵墓等都采用相近的建筑形式与总体布局方式，即对称齐整，主次分明，以一条中轴线将各个封闭四合院落贯束起来，表现出封闭、严谨、含蓄的民族气质或

《营造法式》，北宋李诫著，中国国家博物馆《古代中国》陈列展。《营造法式》是一部完备的建筑学著作，宋元符三年（1100 年）成书，崇宁二年（1103 年）刊行。全书共 36 卷，分为释名、各作制度、功限、料例和图式五个部分，是当时中原地区官式建筑的规范。

2010 年上海世博会中国馆主体建筑——“东方之冠”，通过巨柱与斗拱的巧妙结合，将力合理分布，使整座建筑稳妥、大气、壮观，极富中国气派。同时，向前倾斜的倒梯形结构，又是现代建筑向力学的一大挑战。

可以说是地道的儒家风范。唯园林建筑与此迥异，布局自由灵活，变幻无穷，极力追求自然情调，当是更多地带有道家思想的痕迹。

从建筑外观上看，每个建筑都由上、中、下三部分组成。上为屋顶，下为基座，中间为柱子、门窗和墙面。中国古代建筑中最重要的部分要算是屋顶了，所有的屋顶都具有优美舒缓的曲线，可以分为庑殿、歇山、悬山、硬山、攒尖等，分别代表着不同的等级。

中国古建筑的木构架结构由立柱、横梁及顺檩等主要构件组成，各构件之间的结点用榫卯相结合，构成了富有弹性的框架。这种榫卯结合的形式，在浙江余姚河姆渡原始社会建筑遗址中已有发现，表明它在距今7000多年前就已经形成了。柱子之上、屋顶结构之下还有一种由木块纵横穿插、层层叠叠组合成的构件，叫做斗拱。这是以中国为代表的东方建筑所特有的构件，它既可承托屋架，还具有强烈的装饰效果。

中国古代的工匠充分利用木构架建筑的特点，运用刀、锤、凿、钻、笔等工具直接在材料上进行构图和艺术加工，因此中国传统建筑装饰大多数都具有实用价值，并和结构紧密结合，或者说

北京故宫太和殿上的陶制仙人走兽及其图解。在中国很多古建筑的岔脊上，都装饰有一些动物，重脊的排头是一个骑着凤凰的小人，称为“仙人”。其后是一排小兽，最后面有一个较大的兽头，称为“垂兽”。仙人与垂兽之间的小兽统称“走兽”，每个小兽都有自己的名字。走兽的排列有着严格的规定，数量的多少是依宫殿的大小、建筑的等级而定的。故宫太和殿是中国古建筑中唯一有10个走兽的特例。

本身就是对结构构件的艺术加工，不是可有可无的附加物。它们虽然也具有装饰美，但更重要的是体现了合乎材料本性和力学逻辑的结构美。同时，还将中国传统的绘画、雕刻、书法、色彩、图案、纹样等不同的艺术内容应用到建筑装饰里，加强了建筑的艺术表现力。在中国古代建筑艺术中，建筑装饰是重要的表现手段之一。

古代中国封建社会中占统治地位的儒家思想以“礼”为基本框架，也就是用制度规范各类等级，它很自然地渗透在建筑及其装饰艺术的营造中。建筑中的一切设置并不仅仅是为了“求其观”，而是为了“辨贵贱”。建筑的类型、规模大小，装饰的式样、色彩、质地、题材等都服从于建筑的社会功能，是显示建筑社会价值的重要手段。

建筑艺术在一定的社会条件和自然环境下产生、发展、形成和成熟，故而必然带上本时代、本地域的烙印。时代的发展主要反映在风格和题材内容、工艺手法上的不断改革和创新；地域差别很大程度上来自自然环境和气候的不同。此外，中国是一个多民族的国家，在艺术风格上，各民族都爱使用自己的传统装饰而各具特色，呈现出丰富的民族性格。

在中国古代文化学术的历史上，“建筑学”并没有取得应有的地位。主要由无数无名的工匠代代相传、惨淡经营所创造的中国传统建筑艺术，在许多朝代并没有被看作一门独立的专门的学问，也没有形成全面而系统的“建筑史”。幸而，在文学作品中，有许多以城市或建筑为题材，这些作品一方面反映出那些时期城市和建筑营造的高潮，另一方面也描绘出了当时城市的建筑的面貌。而历代关于都城宫阙的兴建和重大建筑物的计划、主管官员或匠师的传记等，也有许多散布在各种正史和典籍之中；还有一些出自建筑师之手的专著流传了下来，虽然极为稀少，却让我们得窥古代建筑营造之一斑。

中国古代的建筑设计工作和现代的设计机构十分类似，建筑师和建筑计划的主持者都非常重视当代或者前代建筑物的调查研究，通常综合采用制作模型和绘制图样的方法来进行设计。中国建筑匠师在长期实践中创造了富立体感的图法（类似现代的“轴测图”），指导施工。汉代（前206—公元220）之后，制定“建筑设计图样”和“说明文件”已经是大型建筑计划所不可缺少的事情了。到了公元10世纪中期，建筑制图已经达到非常成熟的地步。

从周代（前1046—前256）的“冬官”到清代（1616—1911）的“算房”和“样房”，两三千年来，中国一直都设有专门的建筑部门和官员负责建筑的设计、施工以及建筑材料的调配等工作。正是这些官方机构的工作使得劳动力和材料生产运输的组织效率处在一个很高的水平上，中国古典建筑的中心内容之一的“标准化”和“模数化”才得以实施和推广。

近现代时期，随着封建制度的解体、西方文化的东渐、现代社会科学技术的发展以及现代人审美情趣和文化心理的变迁，20世纪的中国建筑产生了较大的变异，出现了大量中西合璧式的公共建筑；尤其是1978年改革开放以后，城市风貌的变革更加迅速，建筑风格更加丰富多样。当前，寻找时代风格与民族风格的有机结合是中国现代建筑的重要课题。

本书首先对中国古代几种主要类型的传统建筑的特点和发展过程分别进行了介绍，然后简要地描述了近现代时期中国建筑纷繁复杂的历程，最后分析了当代多元的建筑类型和发展方向，希望能为有兴趣的人士展示一个较为整体的中国建筑的面貌。

《清明上河图》局部，北宋张择端绘

古代城市

中国最早的城市产生于原始社会末期（约公元前 3000—前 2000 年），这一时间与国外最早城市产生的时期基本相同。那时候的城市规模很小，内部设施也很不完善，严格说来只不过是城堡而已，远不能与今天的城市相比。直到周朝，中国城市不仅有了较快的发展，在城市建设上还按照封建制度的尊卑等级形成了一定的规制。

中国古代城市的方格网状的空间格局首先来自以井田制为代表的早期农耕制度；另一方面，中国南暖北凉的气候原因直接导致了建筑讲究面南背北、背风向阳，也间接导致了道路系统以南北方向为主。

现有史料和考古成果证明，中国最早的城市产生于原始社会末期（约公元前3000—前2000年），这一时间与国外最早城市产生的时期基本相同。美国著名城市规划理论家刘易斯·芒福德在《城市发展史》一书中就写到：“目前已知的最古老的城市遗址，大部分都起始于公元前3000年，前推后移不多的几个世纪。”

那时候的城市规模很小，内部设施也很不完善，严格说来只不过是城堡而已，远不能与今天的城市相比。直到周朝，中国城市不仅有了较快的发展，在城市建设上还按照封建制度的尊卑等级形成了一定的规制，如《周礼·考工记》中就对城市布局、各级道路宽度等有了详细的规定。

中国古代城市的方格网状的空间格局首先来自以井田制为代表的早期农耕制度；另一方面，中国南暖北凉的气候原因直接导致了建筑讲究面南背北、背风向阳，也间接导致了道路系统以南北方向为主。

“天圆地方”说、“天人感应”的思想和阴阳五行学说奠定了中国古代“方形城市”的思想基础，在城市规划中多讲究“择中”、“对称”，通过明确的轴线统领整个城市的基本布局。许多城市以及其中的建筑命名和位置等都反映出强烈的象征意义。

“相土尝水、象天法地”的勘舆学从中国古代文化尊重天地山川环境的传统出发，对城市选址和布局产生了重要影响。最著名的，是公元前514年吴国大臣伍子胥给吴国都城选址，他亲自察看土壤，甚至亲口品尝河水，最终建造了阖闾城（今天的苏州城）。其实，就是进行实地调查，了解土质和水情，同时观天象、看风水，由此选定城址。

社会经济形态的变化推动了城市规划布局的发展。在唐代（618—907）以前，为了便于管理，保证社会治安，城市都采用封闭式的里坊制：居住的里坊和市场都由方格状道路系统划分开来，坊有坊墙、坊门，市有市墙、市门，专人看守，朝开晚闭。这种形式给人们的生活带来了种种不便，也制约了社会经济的进步。直到宋代（960—1279），农业、手工业、商业、对外贸易以至科学技术都有了长足的发展，才逐渐打破了里坊制度，不再集中设市，取而代之的是许多商业街，城市内部空间结构由之前的封闭型向开放型转变。在中国国宝——宋代《清明上河图》上就可以看到当时开封的商业街繁华热闹的景象。

都城建设

历朝开国之初，对于都城的选址都非常重视，往往要派遣亲信的大臣勘察地形与水文情况，主持营建。都城选址的首要考虑因素当然是统治者的政治与军事需要。而水源问题也是非常重要的，首先是饮用水，此外还有苑囿用水和漕运用水。漕运是中国古代往京城运送粮食和物资的供应线，几乎可以说是每个朝代的生命线。

公元前 11 世纪，周灭殷（前 1600—前 1046），建都镐京（今陕西西安西南），分封宗室、贵族到各地建立诸侯国。配合分封建制，周王朝开始进行史无前例的大规模的营建城邑活动，在全国建立起许多统治和防卫的中心——城市，并为此而订立一套严格的城邑规划建设制度即所谓“营国制度”，从而形成一次城市建设的高潮，奠定了中国古代都城以“前朝后寝”为主体的规划体系的基础。

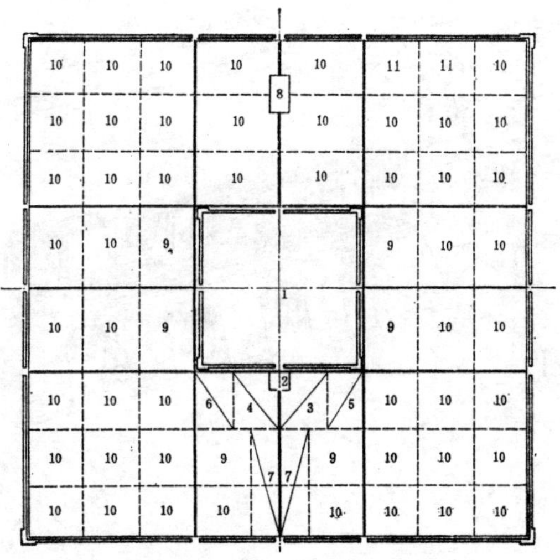

周王城布局示意（贺业鉅）
1- 宫城 2- 外朝 3- 宗庙 4- 社稷 5- 府库 6- 厩
7- 官署 8- 市 9- 国宅 10- 闾里 11- 仓廪

中国古代崇尚中庸之道，造城、建都都讲究“中”字。从周王城来看，城市规划方整，全城每面三个城门，宫城居中，成为中国古代都城规划与建设的标准。

为了保护统治者的安全，从春秋时期（前770—前476）一直到明清，都城都有城与郭的设置。所谓“筑城以卫君，造郭以守民”，很明显，城是保护国君的，郭是看守人民的。一般京城有三道城墙：宫城；皇城或者内城；外城（郭）。多的甚至有四道。古代统治阶级就是通过这样的办法来层层保护自己的安全。

隋唐长安城——中国古代最宏伟的都城

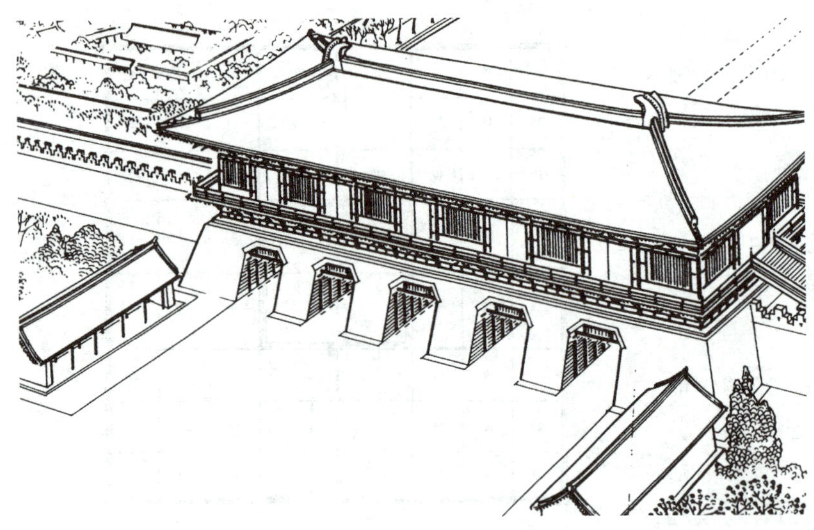

唐长安明德门，傅熹年复原

隋唐长安城（今西安），是中国历史上建都朝代最多的城市，13个王朝先后在这里建都；也是世界上建都历时最长的古城，达1100多年，在中国都城发展史上占有特殊的地位。这座当时世界上最大的城市，以宏大的规模、棋盘式的街道、规整的里坊、左右严谨对称的轴线布置，不但成为中国都城布局的典范，还影响了当时邻近其他国家都城的形制，如日本的平城京、平安京。

隋文帝杨坚于开皇二年（582年）开始大规模营建大兴城（今西安市区）。公元618年，唐朝也建都大兴城，改其名为长安。长安城保持了大兴城的基本格局，以朱雀大街为中轴线，两旁的道路、东市西市以及居住里坊的位置都严格对称，突出了宫城的重要性。城内道路呈方格网状，等级分明，有南北大街11条、东西大街14条，以通往城门的六条道路为主要干道，号称“六街”，其他是次级道路，两旁都有整齐的排水沟，并沿街种植槐树。这些道路将城内的居住区划分为108个坊，还有集中的两个市场：东市和西市。出于安全和管理的考虑，这些居住里坊和坊市都是封闭的，坊门按时启闭，城市实行宵禁，有金吾卫管辖，还有军士巡夜，居民夜间都不能外出，带有军事管制的味道。直到今天，西安古城连同唐大明宫、兴庆宫遗址，大体还保持着唐代皇城的形制。

长安和此前都城最大的不同之处在于公共游赏的风景区的设置。城东南隅的曲江池和乐游园花木繁茂、风景秀丽，是当时长安城中著名的游览胜地；兼之一处临水，一处登高，正可满足当时民众上巳和重阳节的游赏习俗。当时的新科进士也多要循河曲在杏园至曲江一带游览，所谓“春风得意马蹄疾，一日看尽长安花”，正是描写这一情景。

西安古城墙建于明洪武七年到十一年(1374—1378)，至今已有600多年历史，是中国现存最完整的古代城垣建筑。

西安自唐末失去都城地位后，有很长时间都缺少发展。直到明代（1368—1644），西安不仅是藩封重地，又成为西北政治、经济、文化中心，在军事、交通等方面也同样占有重要的地位，它作为一个地方城市重新焕发出了生机。今天保留下来的西安城主要就是明初奠定的基础。

明清北京城——皇权至上的代表

中国封建社会后期，元（1206—1368）、明（明初建都南京除外）、清三代都定都北京，彻底取代了长安、洛阳、开封等都城的地位。

明代利用元大都改建了北京城。北京城以宫城（紫禁城）为中心，按中轴线对称的原则设计。这条轴线全长将近 8 公里，以外城的南门永定门为起点，由南往北经过内城正阳门，皇城天安门、端门，宫城午门，然后穿过宫城出神武门，越过景山，最后止于北端的鼓楼和钟楼。在轴线上还布置了华表、桥

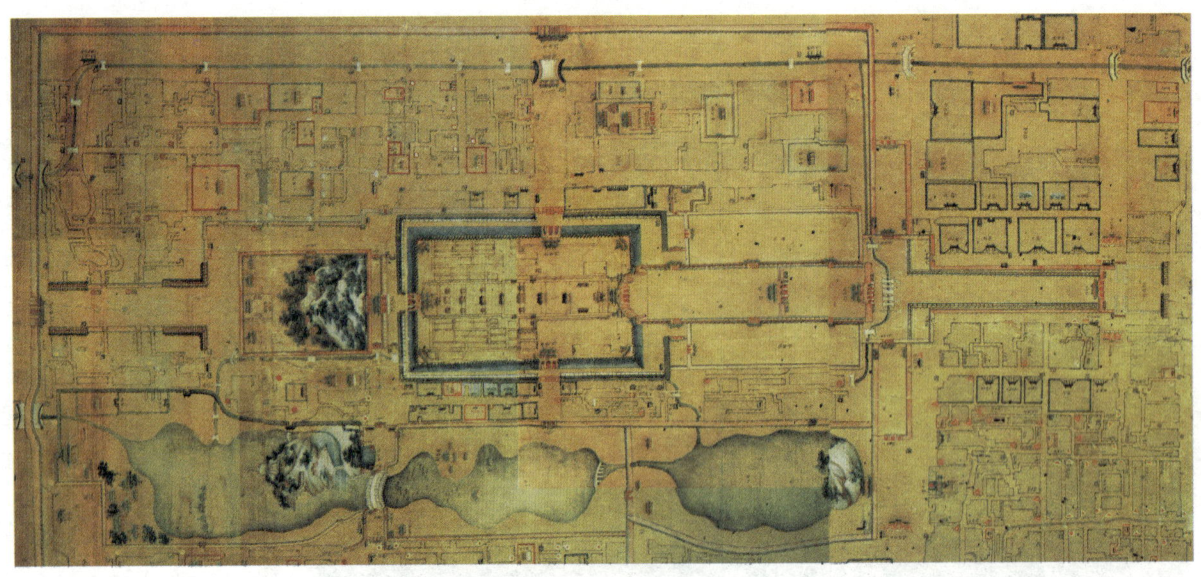

清末《京师内城图》中的紫禁城及中轴线（局部）

三山五园

“三山五园”是北京西郊一带从清康熙朝至乾隆朝陆续修建起来的皇家行宫苑囿的总称。对于其具体所指，目前公认的说法为“三山”即香山、万寿山、玉泉山，“五园”则是分别建在以上三座山上的清漪园（颐和园）、静宜园、静明园，以及附近的畅春园和圆明园。三山五园大多在 1860 年第二次鸦片战争中被焚毁。

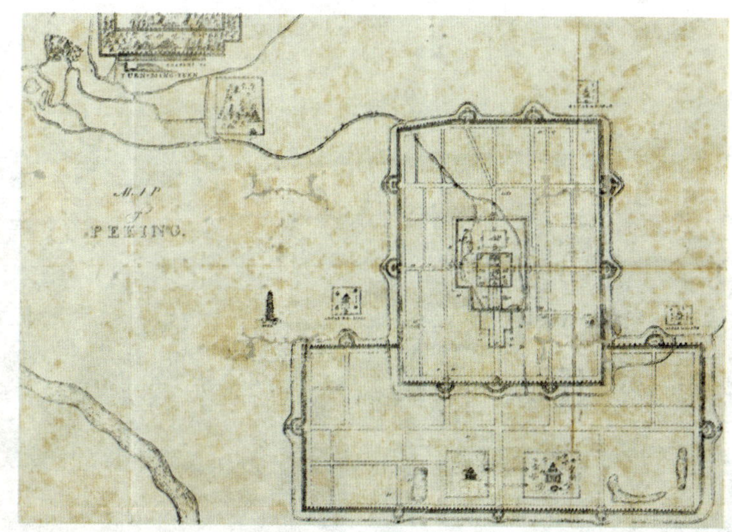

北京城及圆明园简图，约 1830 年在外国刊印。

梁和各种形式、尺度不同的广场，以及体量宏伟的建筑群，使中轴线上空间富有变化，城市布局重点突出，不仅加强了宫殿建筑的庄严气氛，更凸显出了封建帝王至高无上的权威。

值得一提的是紫禁城北面的景山。这座山是明代利用开挖宫城护城河时的泥土人工堆成，取名万岁山，俗称煤山，清初才改称景山。它不仅处在中轴线上，是全城的制高点，其主峰所在处还是元朝后宫延春阁的位置，用山镇在这里，有压制前朝的意思，所以又叫“镇山”，含义深刻。

明代的北京城也是严格按照传统礼制布局的。除了在宫城前左侧（东）建太庙（祭祀祖先），右侧（西）建社稷坛（祭祀土谷之神）以外，还在内城外南、北、东、西四面分别建造天坛、地坛、日坛和月坛。

城内的街道和水系则沿用元大都的规划系统。内城街道以平行于中轴线的左右两条干道为主，其余街道都与这两条干道联系在一起。由于皇城、什刹海和西苑等阻碍了东西两部分的联系，因而东西向交通极为不便。与干道垂直通向居住区的街衢宽度 6—7 米，间距约 55—57 米，这就是北京城内最具特色的“胡同”。

清代沿用了明代的城市基本规模和布局。由于火灾及地震损坏了许多宫殿，因而在康熙时期（1662—1722）重修了大部分宫殿建筑。同时，对居住地段进行了调整，将内城的普通居民迁到外城，内城成为

从景山山顶向北远眺北京中轴线（远端是鼓楼）

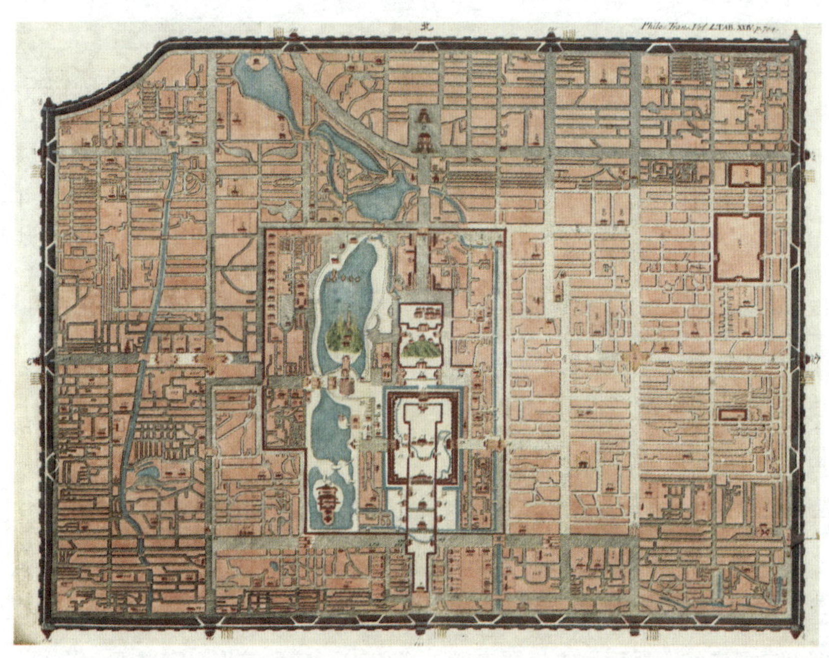

清代雍正末年至乾隆早年的北京内城地图，1758 年英国的月刊刊印。

王公贵族的府第和驻守的八旗兵的营房所在地，这一举措促进了外城的开发，形成了许多重要的商业区。此外，为了增进与蒙古族、藏族等民族之间的团结，还增建了一些喇嘛庙。清代的建设重点放在了北京城西北郊的皇家离宫和御苑的修建上，从康熙开始，历经雍正（1722—1735）、乾隆（1736—1795）两代，共计 130 多年的时间，在这里相继建成了所谓的“三山五园”。

明清北京城是中国古代都城建设的杰出代表，英国的埃蒙德・培根在他的《城市设计》一书中说：“也许在地球表面上人类最伟大的单项作品就是北京，这座中国的城市是作为皇帝的居处设计的，意图成为举世中心的标志。……在设计上它是如此的辉煌出色，对今天的城市来说，它还是提供丰富设计意念的一个源泉。”

明清北京城格局几乎完整地保留到了近代，老北京人俗称“里九外七皇城四”，即内城九个门、外城七个门、皇城四个门。可惜的是，到今天北京的城墙已几乎被拆除殆尽，只是基本保留下了明清时期北京城门的名称和位置。

地方城市

地方城市既是朝廷在各地实行政治、军事统治的据点，又往往是经济和文化的地方中心，它们中有些是交通枢纽，有些是手工业中心，有些是对外贸易港口，或兼而有之。这些城市分布极广，它们的规划与建设是根据各地不同的气候、地形、交通、防御等要求而因地制宜的。

北方地形平坦的地带，四合院式房屋盛行，故而城市格局方正，多为方形或长方形；道路宽敞平直，常作十字形或丁字形布置；在城市中心常设有鼓楼、钟楼，钟鼓楼以北或其附近就是衙署。从明清的西安城、平遥古城都可以看出这些特点。

在多江河山丘的地区，地形复杂多变，因而城市布局也就比较灵活，道路系统也往往顺应地势呈不规则状：依山筑城，则主要街道沿等高线自然伸展；沿江建市，则往往形成带状城市。如著名的“山城”重庆。

江南水乡以水运为主，街道房屋沿河道两岸布置，故小市镇常沿河展开成带状，大市镇因有十字形、井字形交叉河道而以交叉处为中心形成块状。城中水弯路曲，桥廊穿插，粉墙黛瓦，具有十分美妙的景观。宋代的平江府（今苏州）是这类城市的代表。

还有些城市为了防御、防洪或者为了取得某种象征意义，甚至把城市平面设计成圆形。比如为防洪而在明代择地新筑的江苏省宿迁县，就为了“取裁用圆，象太阳也”而规划成了圆形；而如皋县加建的圆形外城则是为了便于抵御倭寇的侵犯。

平遥——现存最完整的明清县城

位于山西的平遥古城，是一座具有2700多年历史的文化名城。现在看到的古城，是明洪武三年（1370年）进行扩建后的模样。古城面积约2.25平方公里，以南大街为轴线。按中国古代传统城市法制，在中轴两旁有规律地分布了庙、署、观等；市楼居全城中央，南大街、东西大街、城隍街、衙门街构成“干”字型商业街，其规模超出一般传统城镇，反映了当地商业贸易的繁荣。其余的街巷名称也都保留了明清时的旧名，格局呈“井”字和“丁”字型街、巷、马道的形式。当地人称其为“四大街、八小街、七十二条蚰蜒巷”。

说到平遥，就不能不说“晋商”和“票号”，因为这里不仅是“晋商”的发源地之一，同时也是中国第一家现代银行的雏形——“日升昌”票号的诞生地。在“日升昌”票号的带动下，平遥乃至山西的票号业发展迅猛。在清末的鼎盛时期，山西票号在国内85个城市和日本东京、大阪、神户，以及朝鲜仁川、南洋新加坡、俄罗斯的莫斯科等地设立分号400多家，其中以平遥的票号最为繁荣，竟多达22家，一度成为中国金融业的中心。辛亥革命（1911年）前后，近代银行业在中国兴起，平遥的票号在经历了100余年的辉煌后逐渐衰败了。

平遥古城历尽沧桑、几经变迁，城墙、街道、民居、店铺、庙宇等建筑仍然基本完好，原来的形式和格局大体未动，是中国现存最完整的一座明清时期古县城。

平遥古城明清街俯瞰

平遥古城协同庆钱庄

重庆——山是一座城，城是一座山

山城重庆位于长江与嘉陵江交汇处的山丘上，战国（前 475—前 221）秦汉时期就已沿江形成背山面水的城市，市区三面临江、一面靠山，倚山筑城。城中高差变化极大，形成踏步连续高低上下的巷道、廊屋，空间变化丰富。远看建筑层层叠叠，道路盘旋而上，城市风貌十分独特，由此形成奇丽夜景。

明初戴鼎扩建重庆旧城，为了顺应风水，讲求生克，按九宫八卦之数造城门 17 座，以示“金汤城池”的含意。这十七道门，有九门是专供力夫挑两江河水入城的水门。后来，城内火灾频生，官府认为是水门洞开不能制克火星之故，便将其中八道水门统统封闭，于是留下了“开九门，闭八门，九八一十七道门”的俗谚。其中规模最大的一座即朝天门，门上原书四个大字：“古渝雄关”。由于此门随着东逝的长江，面朝当时天子所在的都城南京，当地官员于此迎御使、接圣旨，故名“朝天门”。

20 世纪 30 年代的重庆朝天门码头。朝天门为重庆古城沿江九门之一，位于长江、嘉陵江交汇处，是市区海拔最低处。1927 年因修建朝天门码头，将旧城门撤除。

重庆古城图

苏州——如诗如画的江南水乡

苏州始建于春秋末年吴王阖闾（前 514—前 496 年在位）时，曾是吴国的都城。秦（前 221—前 206）、汉、晋（265—420）、唐以来，都是东南沿海人口众多、规模较大的重要城市之一。到了两宋年间，苏州的航运业和工商业得到极大的发展和繁荣，那时，苏州被称为“平江府”。苏州城市布局可以从南宋绍定二年（1229 年）刻在石碑上的一幅《平江图》中得到清楚反映。

这个城市是一座十分规则的长方形城市，南北较长，东西较短，城墙略有屈曲，共有五个城门，城门旁还设水门，城墙外有宽阔的护城河。

城市道路呈方格网布局，与主要河道平行的街道组成通向城门的干道，人们称为“三横四直”。由此又分出许多支河，通向各居住街巷，河上架有桥梁，沿河两岸是街道、市肆与住房，富有江南水乡城市的特色。环绕城墙内外还各有一道城濠，既是交通环道，又是双层护城河。全城的河道形成一个完整的交通网和排水系统。

苏州城内集中了许多大地主、官僚和商人，他们修建了许多大型的宅院，私家园林在宋代已具有相当的规模，明、清时期更是屡有佳作出现，逐渐形成了独具风格的苏州古典园林建筑艺术。据记载，苏州城内有大小园林将近 200 处。其中沧浪亭、狮子林、拙政园和留园分别代表着宋、元、明、清四个朝代的艺术风格，被称为苏州“四大名园”。

苏州盘门，古称蟠门，是苏州唯一保存完整的古水陆城门，由两道水关、三道陆门和瓮城相互组合而成。始建于周敬王六年（前 514 年），是春秋吴国“阖闾大城”八城门之一，城楼为 1986 年重建。

苏州平江路上的昆曲表演。平江路是苏州古城迄今为止保存最为完整的一个区域，基本延续了唐宋以来的城坊格局，并至今保持活力。

军事防御

城墙

中国古代频繁的战争催生了防御工事——城墙沟壕，从而促进了城市的产生，城墙顺理成章地成为古代城市最重要的防御性构筑物。最早的城市的城墙有的是用木头修建的栅栏，有的是石头垒成或土夯成的墙，有的是挖一条深沟。宋以前的城墙很少包砖或用砖砌筑。宋以后，由于火药被广泛用于攻城，具有巨大的破坏性，一些重要城市开始在城墙的重点防御地段包砖。明代以后，城墙加砖砌变得普遍，有的城墙先用砖砌，中间填土夯实；有的先夯土筑成，再在外侧加砖；少数城墙整体或城门地段内外均加砖。城墙的高宽取决于城市的大小、防御的重要程度，城墙上垛与城楼的大小尺度与数目也因城市的等级而有所不同。一些城墙上还有棱堡形的突出部分——“马面”，主要是为了形成两边夹击消灭敌人的有利地形；为了加强防卫职能，一些重要城市还建有瓮城。此外，城墙上一般都有排水设施，包括伸出较远的滴水，或在城墙内侧设置顺城墙的排水沟。这里以南京的古城墙为例。

明代应天府城（今南京城）是公认的第一大砖城。它始筑于1366年，东连钟山，西踞石头，南及秦淮，北带后湖（玄武湖），把六朝（229—589）的建康都城和东府城，以及南唐（937—975）的金陵城（包括石头城、冶城和西州城）全部包入其中，依山傍水，逶迤曲折，呈一南北狭长、东西略窄的不规则形状，南北长10公里，东西宽近6公里，周长约34公里。城墙高度在14米到21米之间，底部宽度14米左右，顶部4—9米。它完全是根据南京实际的地理形势和防守的需要设计的。

南京城墙上共开了13座城门，各城门上部都建有巍峨的城楼，其中以聚宝门最为雄伟。聚宝（今

南京中华门城堡，设有三道瓮城。瓮城是围在城门外的小城，高与大城同，城顶建战棚。瓮城门开在侧面，以便在大城、瓮城上从两个方向抵御来攻之敌。瓮城设内、外门，平时检查来往过客，需要时即可关上两座门，成“瓮中捉鳖”之势。

中华门）、三山（今水西门）和通济三门各有城墙四道，形成三重瓮城，呈“目”字形。每道城门都有内外两层门，外面是从城头上放下来的“千斤闸”，里面是木质加包铁皮而成的两扇大门。在聚宝门最外一重瓮城内侧，还设有“藏兵洞”这一特殊设施，分上下两层，共23个，每洞可容纳士兵超过百人，共可藏兵3000人以上。此外，在各城门之间的城垣上均修筑有垛口（雉堞），共计13616个，还有窝棚200个。

明南京城的建设是长江中下游各省人民血汗的结晶。当时为了建造坚固的都城，官府命令长江中下游湖北、湖南、江西、安徽、江苏五省一百几十个府、州、县的人民，按照一定的规格烧制城砖，砖上还印着造砖的府、县名以及监造官员和造砖工匠的姓名。每块城砖大小都是40×20×10厘米，重达15—20公斤。为了加强城墙的牢固程度，以花岗岩条石为墙基，在城墙的砖缝里还灌入用石灰、桐油和糯米汁合成的夹浆，所以能够经600多年而不坏。

瓮城内的藏兵洞

南京东水关遗址。东水关是秦淮河流入南京城的入口，也是南京古城墙唯一的船闸入口，始建于五代杨吴时期（902—937）。

长城

长城是中国历史上最伟大的建筑工程之一，也是中国历史上最伟大的国防防御工程。它东起渤海之滨的山海关，经过河北、山西、内蒙古、陕西、宁夏等省区，西至甘肃省嘉峪关，横贯中国北方，沿着起伏的山脉和茫茫的沙漠，绵延一万二千余里，因此被称为“万里长城”。

在中华民族历史上，构筑长城的直接目的是用于抵御北方游牧民族南下。早在战国时代，“战国七雄”中的秦、赵、燕三国的北面是以游牧为主的匈奴族，为了防止匈奴奴隶主贵族南下侵扰，他们在各自的北方边界上筑起了长城。秦始皇（前 259—前 210）统一天下后，为了进一步防止匈奴和东胡的侵扰，把燕、赵、秦三国的长城连接起来，成为万里长城的雏形。在当时没有任何机械的情况下，全部劳动都得靠人力，共派遣了 30 万大军及征用的民夫、战俘和罪犯近 200 万人。秦以后的汉、北魏（386—557）、北齐（550—577）、隋、金（1115—1234）几个王朝，都先后对长城进行修补和增筑。到了明代，为了防御北方蒙古族和东北女真族的侵扰，又开始大规模修筑长城，从洪武元年（1368 年）起，经历了 200 多年的时间，才完成了长城的修筑工程。

城墙是长城的主体部分。以山西东到山海关这一段为例，它的断面是梯形，下宽上狭，平均底宽 6 米，顶宽 5 米，高 6.6 米，内筑夯土，外砌整齐条石和特大城砖。城墙的顶部，可容纳 5 匹马或 10 个人并进。地面用三四层砖铺砌，最上面一层是方砖，用石灰砌缝，整齐坚实。城顶两侧还有砖墙，内侧为高约 1 米的女儿墙，外侧为 1.6 米高的垛口，每个垛口上有一**瞭**望洞，下有射击口。城墙上还有排水沟和吐水嘴等设施。

古代严密的烽燧制度使得长城的国防作用更加有效。根据《居延汉简》的记载，当时“五里一燧，

陕西定边县安边镇五里墩秦长城遗迹

甘肃嘉峪关悬臂长城。悬臂长城是明长城最西端——嘉峪关关城的北向延伸部分，是嘉峪关军事防御体系的重要组成部分，为就地取砾石、黄土夯筑而成。

北京怀柔箭扣长城，自然风化严重，没有任何现代修饰。这一地段山势非常富于变化，险峰断崖之上的明长城也显得更加雄奇险要。

十里一墩，三十里一堡，百里一城”。燧和墩就是传递军事情报用的烽火台，遇有敌情，白昼燃烟，夜间点火示警。据记载，唐代烽火一昼夜须行 2000 里；到明代，烽燧制度有了更大的改进，除了放烽、燃烟之外，还加上放炮，传递速度一昼夜可达 7000 余里。

长城不仅工程量大，还由于它翻山越岭，经过高原，穿过草地，通过无数悬崖深谷，施工十分困难。古代工匠从长城的位置走向的确定，到障、堡、敌台、烟墩等整个防御体系的配置，以至城墙形制结构、选材用料，都巧妙地利用自然地形，就地取材，其构思之精巧合理令人叹为观止。而他们在极为艰巨复杂的施工过程中体现出的刻苦勤奋、坚忍不拔的精神，更为世人赞叹。

故宫角楼

皇权独尊

中国古代的皇帝称“天子”，拥有至高无上的权力。宫殿、坛庙、陵墓这几种建筑类型是帝王权威和统治的象征，它们是中国古代最隆重的建筑物，具有明显的政治性，传统的封建礼制对它们的布局有着深刻的影响。历朝历代都花费大量人力、物力、财力，使用当时最成熟的技术和艺术来营造这些建筑物。它们在一定程度上反映了一个时代建筑的最高成就。

中国古代的皇帝称“天子”，拥有至高无上的权力。宫殿、坛庙、陵墓这几种建筑类型是帝王权威和统治的象征，它们是中国古代最隆重的建筑物，具有明显的政治性，传统的封建礼制对它们的布局有着深刻的影响。历朝历代都花费大量人力、物力、财力，使用当时最成熟的技术和艺术来营造这些建筑物。它们在一定程度上反映了一个时代建筑的最高成就。

中国古代帝王所居住的大型建筑组群被称为宫殿建筑，通常以宏大的规模、富丽堂皇的建筑来体现皇室的威严和气派。汉代负责建造未央宫的丞相萧何就说：“天子以四海为家，非令壮丽无以重威，且无令后世有以加也。”明确地表达了以建筑艺术为皇权政治服务的目的。

坛庙建筑是介于宗教建筑和非宗教建筑之间的一种独特的建筑类型，供奉的是自然山川、祖先伟人。由于中国古代推崇的以礼治天下的儒家把这类崇拜归入了礼仪的范畴，随着儒学成为国学，礼制成为国制，坛庙建筑也就成为国家规制下的建筑，因而这类建筑也可被称为“礼制建筑”。这里主要是指专供帝王使用的，包括祭天用的天坛、奉土地之神的社稷坛和祭祖先的太庙。

陵墓建筑是指中国古代埋葬帝王、后妃的坟墓和祭祀建筑群，就好像古埃及的金字塔或者是印度的泰姬马哈尔陵。在中国古代，人们对死的认识是到另一个世界去生活，灵魂不灭；由秦汉迄清，各朝代又都奉行传统的慎终追远、事死如生的儒家孝道丧葬观。正是由于信奉灵魂不灭的观念和“事死如生”的厚葬礼制，历代帝王为了给自己修建陵墓而殚精竭虑，几乎每一座帝陵都是一座奢华的地下宫殿。

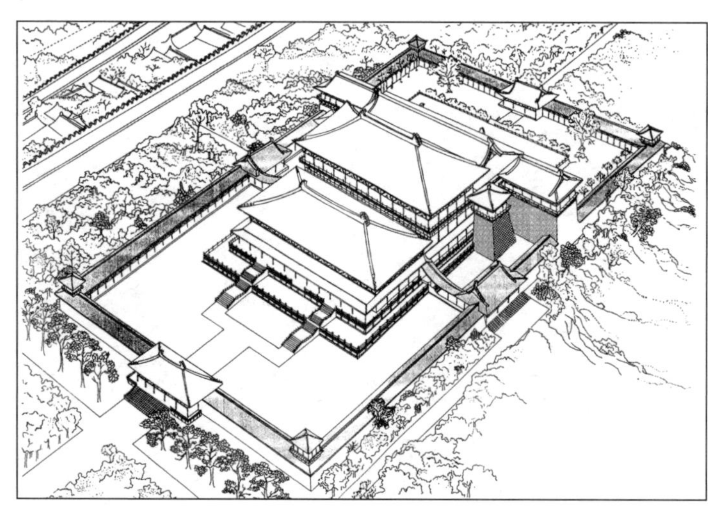

唐长安大明宫麟德殿复原透视（傅熹年绘）。麟德殿是大明宫的国宴厅，也是大明宫中最主要的宫殿之一，是迄今所见唐代建筑中形体组合最复杂的大建筑群。

宫殿建筑

宫殿建筑可以说是中国古代最重要的建筑类型。在中国长期的封建社会中，以皇权为中心的中央集权制得到充分发展，宫殿是封建思想意识最集中的体现，在很多方面代表了传统建筑艺术的最高水平。

中国已知最早的宫殿是河南偃师二里头商代早期宫殿遗址：在夯土地基上以廊庑围成院落，南侧中间为大门，轴线后端为殿堂，殿内划分出开敞的前堂和封闭的后室，屋顶推测是四阿重屋（即重檐庑殿）。

沈阳故宫是清朝入关前的盛京皇宫和入关后的陪都宫殿建筑群，是中国现存仅次于北京故宫的最完整的皇宫建筑，以汉族传统建筑风格和布局为主，兼备蒙、满等民族风格，具有很高的历史和艺术价值。

故宫太和殿全景

以后，院落组合和前堂后室（又可称为前朝后寝）成了长期延续的宫殿布局方式，重檐庑殿顶更成为中国古代建筑中最高等级的屋顶形式。

至今基址尚存的唐代大明宫建于 634 年，位于长安城东北龙首原高地上，居高临下，可以俯瞰全城。最为宏伟的三殿分别是含元殿、宣政殿和紫宸殿。主殿含元殿是一座十一开间的殿堂，殿前两侧相距约 150 米处，对称地建有翔鸾（东）、栖凤（西）两阙楼，以飞廊与殿身相联，更有长达 70 余米的坡道供登临之用，称为“龙尾道”。整组建筑气势雄伟，唐代诗人王维有诗“九天阊阖开宫殿，万国衣冠拜冕旒”，描写的就是含元殿的盛况。

除清代的离宫以外，现存的宫殿仅有明清北京宫殿和清沈阳宫殿。

明清北京宫殿称紫禁城，又称故宫，是世界上现存规模最大、最完整的古代木结构建筑群，也是中国现存最大、最完整的古建筑群。始建于明永乐四年（1406 年），完成于永乐十八年（1420 年），共有 24 位皇帝先后在此登基。

历代都城建设都有一定规制，尤其尊崇礼法。“王者必居天下之中，礼也”。“中”成为最尊贵的方位，因而都城及其中的宫城的选址都突出择中思想。“择天下之中而立国，择国之中而立宫”。故宫位于北京城的中心，正是遵循这一思想的结果。故宫内建筑一律用红墙黄琉璃瓦，大面积的原色产生强烈的对比，在北京城内其他部分大片民居灰瓦的映衬下，更是显得金碧辉煌，整体效果突出。

中国古建筑采用木结构体系，因此与西方建筑相比，建筑个体的平面多为简单的矩形，形体也并不高大。以闻名遐迩的法国卢浮宫、凡尔赛宫与故宫相比较，可以明显地看出，前二者个体建筑平面复杂、外观雄伟，而中国古代皇家建筑的博大与壮观并不在于单体建筑，而在于群体组合的巧妙，以室内外空间大小形态的变化，以及根据建筑高矮和人的视觉等确定的适度比例来营造所追求的效果。整个故宫占地 72 万多平方米，分布了房屋 9000 多间，富于变化的建筑及院落空间构成了一组秩序严谨、井井有条又突出中心的宫殿建筑群。

故宫四周有护城河环绕，城墙四隅都有角楼，三重檐七十二脊，造型华美。城墙四面辟门，正门午门最为突出。它平面呈“凹”字形，中间开三门，两边各开一门，城楼正中为重檐庑殿顶九间殿，两边端头都有角亭，以廊庑相连。这也是中国古代大门中最高级的形式。五个屋顶形如五只丹凤展翅，故称“五凤楼”。

宫城前仿宋制设千步廊，廊东（左）为太庙，廊西（右）为社稷坛，也是继承古制中的“左祖右社”的布局。故宫内的主要建筑物都布置在一条明确的轴线上，这条轴线与北京全城的中轴线重合，体现了帝王宫殿的至尊地位。在中轴线上用连续、对称的封闭空间形成逐步展开的建筑序列，又有左辅右弼的

清代铜版版画《平定准噶尔回部得胜图》，描绘了康熙年间清军平定准噶尔部、回部叛乱后班师回朝抵午门时的场景。

从景山俯瞰北京故宫

多座院落相陪称，浩繁的建筑群主从分明、前后呼应、左右对称、秩序井然，衬托出了中轴线上三大殿的崇高、宏伟。

故宫大致可分为外朝（皇帝举行大典和召见群臣、行使权力的主要场所）和内廷（皇帝和后妃们居住生活以及处理日常政务的地方）两大部分。为了适应它们的功能，外朝建筑形象强调庄严、壮丽、雄伟，以象征皇帝的至高无上；内廷则富有生活气息，建筑多是自成院落，点缀以书斋、亭榭、花木、山石等。

外朝以太和殿—中和殿—保和殿为主，也就是“三大殿”。它们前后排列在有雕刻精美的栏杆、栏板围绕的三层汉白玉石须弥座台基上，殿前深广达 200 余米的广场，增加了建筑庄严雄伟的气氛。

主殿太和殿为重檐庑殿十一开间，是中国最高等级的殿堂，俗称“金銮殿”。太和殿用于举行最隆重的仪式——登基、元旦、冬至朝会、庆寿、颁诏等，因此，殿前不仅有宽阔的月台，还有面积达 3 万多平方米的广场，可供上万人聚会和各色仪仗的布置。月台上的陈设都有不同的含义和用途：铜龟、铜鹤象征国家长治久安、江山永固，日晷是计时仪器，而石嘉量则是标准容器。中和殿是皇帝在大朝前的休息处；保和殿是每年除夕皇帝赐宴外藩王公的场所，殿试进士也在这里举行。

从保和殿往北，过了华丽的乾清门，就是内廷的范围了。内廷以乾清宫—交泰殿—坤宁宫为主体，它们也坐落在中轴线上。古人认为世上万物皆分阴阳，男性为阳，女性为阴；方位中前为阳，后为阴。

故宫中和殿与保和殿

乾清宫是明清两代皇帝在紫禁城中处理日常政事的地方。明朝的 14 个皇帝和清朝的顺治、康熙都以乾清宫为寝宫。图为乾清宫正殿，上方悬着由清顺治皇帝御笔亲书的“正大光明”匾，下面是皇帝宝座。

乾清宫前的铜龟

坤宁宫（后）、交泰殿与殿前的日晷。交泰殿曾是宫廷、北京和整个国家的报时中心，殿内宝座两侧，东次间安铜壶滴漏，西次间安大自鸣钟。大自鸣钟须用日晷校时，交泰殿自鸣钟响，神武门上则鸣钟鼓为大内报时，接着钟鼓楼鸣钟鼓向全城报时。

乾清宫是皇帝的寝宫，象征天，也代表阳；坤宁宫是皇后的寝宫，象征地，也代表阴。明嘉靖（1521—1567）年间，根据“天地交泰，阴阳和谐”的说法，在两宫中间建造了交泰殿，于是形成了对应外朝三大殿的“内廷三宫”的格局。按礼制，后宫建筑比前朝要低一等级，所以这里的台基只有一层，宫殿尺度也较小，比较富有生活气息。内廷三宫东西两侧为东六宫、西六宫，为嫔妃的居处，这 12 座宫殿则代表着十二星辰拱卫着象征天与地的乾清宫和坤宁宫。

坛庙建筑

祭祀礼仪是中国奴隶制和封建制王朝的重要政治制度。祭祀分大祀、中祀、小祀，礼仪均有差别，每一等级祀礼中所能使用的祭品、仪仗、舞乐和建筑形式，都有严格细致的规定。坛庙建筑的艺术形式都是以满足精神功能为主要目的，要求充分体现出祭祀对象的崇高伟大、祭祀礼仪的神圣肃穆。为了形成人们对祭祀对象的理性认识，增强它们的神圣性，坛庙建筑中还常用形和数来象征某种政治的或伦理的涵义。

中国古代帝王亲自参加的最重要的祭祀有三项：天地、社稷、宗庙，因而这里的坛庙建筑主要指的就是天坛、社稷坛、太庙。

天坛——祭天的神圣场所

中国古代认为皇帝是天之子，他们能够统治国家是上天赋予的权利，因而最隆重的祭祀是祭天。皇帝每年冬至祭天，登基时也必须祭告天地，以表示“受命于天”。祭天的天坛位于北京城南端，元大都时期已初设其址，明清两代皇帝都在这里祭祀天地之神和祈祷五谷丰收。

天坛东西长约1700米，南北约1600米。墙垣共两重，都是北墙呈圆形，南墙为方形，象征古代“天圆地方”之说。天坛内遍植柏树，尤其在南北轴线和建筑群附近，更是树冠相接，把祭坛烘托得十分肃穆。

天坛平面图

天坛皇穹宇藻井。藻井是中国传统建筑的一种天面处理方式，指在凹面上饰以丹青的天花板。藻是古代帝王冕上所系的五彩丝绳，因这类天花板的装饰华丽若藻，而方木相交的结构有如井栏，故称“藻井”。

中轴线上的主要建筑有圜丘和祈年殿，它们各有自己的附属建筑，两者之间以四米高的砖砌甬路“丹陛桥”连接。

祈年殿曾名大祀殿、祈谷坛，位于丹陛桥的北端。祈年殿立于三层汉白玉须弥座式的台基上，平面为正圆形，三重檐圆形攒尖屋顶，上有金碧辉煌的鎏金宝顶。最初上檐青色代表天，中檐黄色代表地，下檐绿色代表万物。清乾隆时三重檐都改为青色，使祈年殿色调纯净统一，更为庄重鲜明。殿身以十二根檐柱表示十二个时辰，十二根外金柱表示十二个月，二者加起来表示二十四个节气，而支撑圆顶的四根盘龙金柱则表示一年四季。祈年殿的前庭比地面高四米多，再加上三层台基的高度，使得站在这里的人们超出于苍郁的林海之上，油然而生一种静谧肃穆的气氛。

祈年殿后还有皇乾殿、神厨、神库和宰牲亭等小型附属建筑，都被遮掩于殿后或者隐蔽于丛林之中，不影响视线的开阔。祈年殿南为祈年门，它们之间的距离经过精心安排，从祈年门远望祈年殿，恰好在当中一间门柱和额枋构成的景框之中。

沿丹陛桥一直往南就到了圜丘。圜丘是祭天的地方，是所有祭祀中等级最高的一种。它始建于明嘉靖九年（1530 年），清乾隆十四年（1749 年）改建。由于祭天必须露天，“坛而不屋”，因而只有三层高的圆形石台，以汉白玉中最高级的品种艾叶青砌成。这种露天的坛是中国古代建筑中的特殊类型，

1872 年 12 月，北京天坛圜丘坛，同治皇帝祭天大典。1872 年出版的英国《伦敦新闻画报》绘画，画师威廉·辛普森（William Simpson）绘。

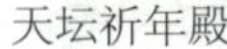
天坛祈年殿

天坛皇穹宇与回音壁

它与中外的神殿建筑都有巨大的差异，它不追求神灵的神秘与压抑，而是显示大自然的博大与广阔；没有高大威严的神像，而是以祭祀仪式来表达人与天地的和谐。

古代中国认为天属阳，地属阴，引申开来，则奇数属阳，偶数属阴。而“九”就代表最大、无限，中国过去皇帝称为“九五之尊”，中国古诗词中也有“九霄”、“九天”、“九重天”……，其中的“九”都是这个意思。因而圜丘的设计中一切尺寸、石料件数都是奇数，且多以“九”为基数。石台最上层的坛面直径九丈（30 米），从台中心的圆石往外围以九圈扇形石，第一圈九块，第二圈十八块，然后每圈递增九块。中层与下层也各砌九圈，每圈都是九的倍数。每层石台设四个门，门前各有台阶九级，栏杆每面的栏板也以九为基数递增。

圜丘的北面是存放、供奉“昊天上帝”牌位的皇穹宇，这是一组精美小巧的建筑。单檐圆形攒尖顶的皇穹宇由直径 63 米的圆形高大墙垣围绕，从入口的砖砌拱门望见皇穹宇，也正好在门框中形成一个完整的画面。皇穹宇的围墙用磨砖对缝砌成，由于施工的精致细腻，浑圆的弧墙能够对声音产生奇妙的回响效果，被称为“回音壁”。

社稷坛——土地神和五谷神的祭坛

北京中山公园（社稷坛）内，被人们称为“五色土”的祭坛。

社稷坛是国家重要祭祀坛庙，位于紫禁城午门之西，每年春秋仲月（每个季节的第二个月）致祭，祈求上天保护国家政权。

社稷是土地之神。社为五土之神：东方青土、南方红土、西方白土、北方黑土、中央黄土，所以社稷坛按方位用全国各地贡纳来的五种颜色的土覆盖坛面，象征五方国土，以表示“溥天之下，莫非王土”之意；稷特指能生长五谷的土地神，即农业之神。供奉“社”、“稷”代表了古代帝王对疆域子民的统治权力，也反映了中国古代以农业为立国根本的社会性质。

祭坛为两层，方形。周围的坛墙也是方形，并且四面同样按方位用青、红、白、黑四色琉璃砖贴面。

祭祀社稷晴天是露祭，雨天仪式则在室内举行。它的方向与天坛相反，是由北面南设祭，因而祭殿和拜殿都在祭坛北面，正门也在北面。这两座殿宇都建于明初。

除了天坛和社稷坛之外，在北京还有城北的地坛、城东的日坛和城西的月坛等。

太庙——奉祀皇帝历代祖先的地方

北京太庙南琉璃门

北京太庙正殿

太庙是中国古代帝王供祀祖宗的祭祀性建筑，也是封建社会皇权世袭的重要标志，为历朝历代所重视。按照传统礼制，太庙位于皇宫的东南侧（古代以东为左，以西为右），即古代都城布局“左祖右社”中的“祖”；每逢元旦、清明、中元、除夕、万寿节，都要在这里举行祭祖大典。

北京的太庙以高达9米的厚重墙垣包绕，封闭性很强。南墙正中辟门，以琉璃镶贴，下为白石须弥座，线脚丰富，色彩鲜明，与平直单调的墙面形成强烈对比。太庙周围全部种植了松柏树，高大的殿堂被簇拥于苍绿的树海之中，倍添庄严、肃穆与高贵。

由于中国人的传统观念认为灵魂不死，所以祭祀祖先的太庙内的建筑形式完全按照帝王生前的住宅形式布置，也就是“前堂后寝”：前为正殿，供祭祀礼拜；后为寝殿，供奉祖先神主。

北京太庙的正殿采用的是封建皇家建筑的最高等级。它坐落在三层台基上，十一开间重檐庑殿顶，琉璃瓦屋面，与故宫太和殿等级相同，只是尺度稍逊。殿前预留了广阔的庭院与宽大的月台，以供举行仪式之用；殿内设龙椅，祭祀时把皇帝祖先牌位放置其上，代表其人。平日牌位都存放于正殿后的寝宫。

寝宫再往北用墙垣分隔出一个区域，用来存放与在位皇帝关系较远的祖先的牌位，称为“祧庙”。

陵墓建筑

在中国历史上先后有五六十个朝代，其中有传说的、有文献记载的，有统一的、有割据的。在这些朝代中，有三四百个帝王先后统治国家。这些帝王死后，大都被埋葬进了豪华的陵墓（许多帝王从登基开始即为自己修建寿陵）。约略统计，从传说中的轩辕黄帝到清光绪皇帝（1875—1908 年在位），大概有三四百个帝王级的陵墓，分布在中国十多个省市自治区内。

中国远古时代的陵墓“不封不树”，丧葬形式很简单。到商代已很重视埋葬制度，而至迟在周代，就把殡葬制度纳入了朝廷礼制范围，此后的统治阶级逐渐厚葬成风。

陵墓分为地下和地上两部分。地下是放置棺椁的墓室，从最初的木结构发展到砖石结构。秦汉时期开始人工夯筑形成高大的陵体，顶上遍植柏树，以象征山林。古代帝王坟墓通称“陵寝”，又称“山

秦始皇陵兵马俑坑

秦始皇陵外景

唐乾陵神道旁的石翼马与石华表

陕西乾县唐乾陵

陵”，即由此而来。唯有唐代是“因山为陵”，多直接利用天然山丘开凿而成，其中以中国历史上唯一的女皇帝武则天（690—705 年在位）与其夫唐高宗李治（649—683 年在位）的合葬地——乾陵为典范。地上部分是指环绕陵体形成的陵区中的一系列布置，从地形的选择到入口、神道、祭祀建筑、绿化等，都有非常完善的制度。而陵前石刻的数目、种类和安放位置，也是从乾陵开始才有了固定制度，一直沿袭到清代，历代大同小异。

在这么多陵墓建筑中，秦始皇陵可以说是空前绝后。它是中国历史上第一个皇帝陵墓，也是最大的皇帝陵墓。

秦始皇陵位于陕西临潼骊山北麓。陵体为呈四方锥形的三层夯土台，东西长 345 米，南北长 350 米，原高约 120 米，历经 2000 多年的风雨侵蚀，现在高度还接近 50 米。据《史记·秦始皇本纪》记载，秦始皇陵地宫中用水银做成百川江河大海，以机械动力使之流动不息；墓顶饰有日月星辰等天象，地下按中国的山川地貌设置山水郡县城郭等景物；陵内用娃娃鱼的油点灯，这种蜡烛点燃很久也不会熄灭。

秦始皇陵四周有陪葬坑和墓葬 400 多个，范围广及 56.25 平方公里。1974 年，考古工作者在陵园东门外发掘出震惊中外的从葬兵马俑坑三座，均坐西面东，呈品字形排列。在这三座兵马俑坑中，出土陶俑近万件、战马数百匹、战车百乘，以及大量实战兵器等文物。

由于年岁久远，这些帝陵的地下墓室多有被盗挖。明以前诸朝帝陵的地面建筑也都已经荡然无存，比较完整地留下全貌的，只有明、清两朝的陵墓建筑，而明清陵墓也是艺术形象最突出、手法最成熟的例子。

明十三陵——整体陵区的代表

明朝迁都北京后，在其北郊昌平天寿山麓形成了集中的陵区，也是中国历史上最宏大的陵寝建筑群，称“十三陵”。

十三陵既是一个统一的陵区，各陵又自成系统。每座陵墓占据一座山丘，包含祾恩门、祾恩殿、明楼和宝城几个部分。由于后代的其他帝陵尊奉长陵为祖陵，都选址于长陵的左右，又为了体现对祖先的崇敬而“逊避祖陵”，缩减了建筑规模，使得长陵的规模和形制都强烈地凸显出来，成为明代帝陵的典型代表。

整个陵区的入口是一座高大的五间石牌坊。过石牌坊即踏上了神道。这条长达 7 公里的神道原本是通向长陵的，以后成为各陵共享的主神道，它在左右砂山间蜿蜒向前，略偏向体量小的一座，使两座砂山的体量在视觉效果上得到了巧妙的平衡。神道经大红门、碑亭、石像生至龙凤门（相当于棂星门）。陵前放置石像生来装饰坟墓，象征生前的仪卫。

明十三陵神道旁的石像生。计 36 尊，有石兽、石人两种，由南而北依次为狮、獬豸、骆驼、象、麒麟、马、武臣、文臣、勋臣。墓前设置石像生始于秦汉或更早的时期，具有表饰坟垅、象征墓主生前仪卫的作用。

明十三陵石牌坊

十三陵康陵前的石五供。石五供是古代象征性的石雕祭器，中间是香炉，三足圆鼎形式，炉盖雕云龙，两侧是烛台和花瓶。明十三陵每座陵前都有石五供。

长陵的中轴线正对着天寿山主峰，东西各有一座被称为“砂山”的小山——蟒山和虎峪山，代表风水说中的青龙、白虎守卫陵寝。进入陵园，过祾恩门，就到了祾恩殿。祾恩殿为九间重檐庑殿，规格仅比故宫太和殿稍低，然而面阔过之。殿内有十二根金丝楠木柱，最大的四柱直径达到了 1.17 米，在中国是独一无二的实例。

其后的方城明楼与宝城联成整体，其前的神道上添设了二柱门和放置象征性的祭祀品“五供”的石五供台，丰富了陵寝中轴线的空间层次，也以鲜明的形体和尺度对比衬托出方城明楼雄浑的整体气势。

清东、西陵——体系最为完整的帝后妃陵寝群

清朝入关以后，为了巩固政权，满族统治者无不积极汲取先进的汉文化，并像历代封建王朝那样崇奉儒家的治世之道。与此相应，作为宗法礼教重要载体的陵寝，也参照明代建立了一整套等级森严的制度，形成了两个集中的陵区：东陵，位于今河北省遵化市马兰峪的昌瑞山；西陵，位于今河北省易县城

西永宁山。清朝的皇帝基本上按照昭穆（父子）顺序隔代葬入二陵区，形成“东西陵昭穆制度”。除帝陵外，康熙皇帝破除了明代没有后陵的陈规，开设后陵之先河，还在帝陵旁附建妃嫔园寝，只是规模明显缩减并有局部的变更。与明朝相比，清代陵寝体系更为完备，众多后妃陵园分布各帝陵左右，成为清代陵寝的显著特点。

清东陵各陵均以清朝入关后第一帝顺治的孝陵为主。

清代陵寝的经营格外注重“配合山川之胜势”。孝陵北倚昌瑞山，以之为风水所谓“龙脉”；南对金形山，以之为“朝山”（远处对景山岭）；中间横卧影壁山，以之为“案山”（近处对景山岭），这一山向构成了孝陵的轴线，数十里的山川都被纳入陵寝的范围，形成非凡的气魄。

在全长约十里的神道上，一气呵成地贯联着大红门、更衣殿、大牌楼、石像生、龙凤门、七孔桥、五孔桥、下马碑、小牌楼、朝房、班房、隆恩门、隆恩殿、琉璃花门、二柱门、明楼、宝顶等一系列建筑物。

其他的陵寝以孝陵为中心，分布于东西两侧。它们一律坐北朝南，正面直对金形山，由孝陵主干大神道分出支道，通往各陵，形成一个完整的体系。各陵形制一致，尺度亦相仿，只是在用材、雕饰以及陪葬的物品方面有差别。

西陵的组成与东陵大致相同：以永宁山主峰下的雍正泰陵为中心，其他陵园分布东、西两侧。区别

清东陵龙凤门

清东陵裕妃园寝焚帛炉。焚帛炉通体由琉璃件构成，为单檐歇山式建筑。陵寝祭祀之后，祝版、制帛、五色纸及金银锞子等在炉内焚化。帝后陵内有两个黄色的焚帛炉，而妃园寝内只有一个绿色的焚帛炉。

清东陵大红门和金星山

清西陵泰陵（雍正帝陵墓）五供及隆恩殿

清东陵裕陵陵寝门。裕陵是乾隆皇帝的陵寝。

清东陵裕陵前的神功圣德碑（俗称“龟驮碑”），碑文用满、汉两种文字书刻，记载乾隆皇帝的功绩。

仅在于，东陵的石像生、龙凤门是位在七孔桥之后，西陵则在前；孝陵入口只有一座石牌坊，泰陵的大红门外则呈品字形拔地而起三座形制划一的石牌坊，尺度规模都超过了孝陵，雕饰也格外繁复，这一安排与风水格局完美结合，强化了陵区入口的空间艺术效果。

曲阜孔庙大成殿内的孔子像及“万世师表”、“斯文在兹”等匾额

神的殿堂

中国古代信仰以“儒”、“释（佛）”、“道”三家为主，所谓“以儒治世，以佛修心，以道养身”。此外，还有伊斯兰教和基督教、天主教与之共存。

由于儒学成为国学，为了弘扬孔子兴学的功绩，唐初设立文庙之制——除京师立文庙以外，各省、府、县也须建立文庙作为向孔子行礼习仪的场所，因而文庙同时也是官学和教化礼仪的中心。

佛教沿着贯通中西文化交流的丝路从印度传入中国后，受到广大百姓的信奉，并得到了统治者的重视与扶持。佛教建筑在中国延续了整整 18 个世纪而几乎没有间断，成为中国封建社会最主要的建筑类型之一，其主要建筑形式有佛寺、塔幢和石窟。

道教是中国的本土宗教，起源于民间巫教和神仙方术。2000 年来的道教建筑，处于山地的占绝对多数。道教是一种多神教，以“太上为祖，释家为宗，夫子为科牌”，三教并重，兼容并蓄，使得儒、释、道之圣共尊于道教建筑之中。

中国古代信仰以“儒”、“释（佛）”、“道”三家为主，所谓“以儒治世，以佛修心，以道养身”。此外，还有伊斯兰教和基督教、天主教与之共存。

由于儒学成为国学，为了弘扬孔子兴学的功绩，唐初设立文庙之制——除京师立文庙以外，各省、府、县也须建立文庙作为向孔子行礼习仪的场所，因而文庙同时也是官学和教化礼仪的中心。

佛教沿着贯通中西文化交流的丝路从印度传入中国后，受到广大百姓的信奉，并得到了统治者的重视与扶持。佛教建筑在中国延续了整整 18 个世纪而几乎没有间断，成为中国封建社会最主要的建筑类型之一，其主要建筑形式有佛寺、塔幢和石窟。

道教是中国的本土宗教，起源于民间巫教和神仙方术。2000 年来的道教建筑，处于山地的占绝对多数。道教是一种多神教，以“太上为祖，释家为宗，夫子为科牌”，三教并重，兼容并蓄，使得儒、释、道之圣共尊于道教建筑之中。

河南登封少林寺塔林

儒家建筑

文庙

曲阜孔庙门前的下马碑。下马碑是昔日皇家设立的谕令碑，是一种显示等级礼仪的标志。

春秋时代，思想家、教育家孔子（名丘，字仲尼，前551—前479）综合鲁、周、宋、杞等国的思想、文献，整理出了《易》、《书》、《诗》、《礼》、《乐》、《春秋》六经，提出了以礼治国的观点，并把礼治思想进一步制度化和仪式化，创始了儒家学派。

在2000多年漫长的历史长河中，儒家文化逐渐成为中国的正统文化，并影响到东亚和东南亚各国，成为整个东方文化的基石。为了利用儒家的礼制思想禁锢人民，巩固封建统治，中国历史上大部分的皇帝都将孔子奉为圣人，十分尊崇。

孔子死后第二年（公元前478年），鲁哀公就把他生前在故乡山东曲阜的住处立为庙，“岁时奉祀”，那时仅有“庙屋三间”。公元前195年，西汉高祖刘邦（前202—前195年在位）第一次用祭天的盛大仪式来祭祀孔子。随着对孔子的不断加封，曲阜孔庙的规模也越来越宏大。从东汉到清代，先后经过十五次大修，其间中修、小修更是不可胜数，到今天形成了一个巨大的建筑群，其规模形制甚至可以与皇家宫殿相比，是坛庙类建筑中一个很特殊的实例。

曲阜孔庙大成殿

今日孔庙的规模最终成形于清雍正年间。整个孔庙总平面狭长，南北约长 600 米，东西宽仅 140 余米。庙内共有九进院落，以南北方向为轴，分左、中、右三路，有殿、堂、坛、阁 400 多间，门坊 54 座，“御碑亭”13 座。

孔庙的前三进为引导部分，在入口前有表示孔子人格高尚和学问渊博的“万仞宫墙”照壁、金声玉振石坊及石桥，然后是棂星门、圣时门、弘道门。这三道门划分出大小不同的院落，在总长近 300 米的空间中遍植松柏，浓荫蔽日，形成庄严肃穆的前奏。过大中门、同文门，便是高高的奎文阁，也就是孔庙的藏书楼，它的名字来自八宿中主文章的“奎星”。

奎文阁后排列着金代至清代建造的十三座御碑亭，然后就是大成门。大成门为五门并置，正中是大成门，左右两边是金声、玉振、永圣、启圣四门。这是取自《孟子·万章》中的“集大成也者，金声而玉振之也”，暗示孔子的学说是“集古圣先贤之大成”。

大成门内的广场中间有一座方形重檐歇山十字脊的亭子，周围环植杏树，称为“杏坛”，此处原为古时孔子故宅的讲堂旧址。《庄子·渔父》中说：“孔子游乎缁帷之林，休坐乎杏坛之上，弟子读书，孔子弦歌鼓琴。”这里最能代表孔子授学课徒的诗书氛围。

杏坛之后就是孔庙的主要建筑——大成殿、寝殿和圣迹殿。大成殿原名文宣王殿，坐落在两层汉白玉台基上，面阔九间；重檐歇山顶上覆盖着黄色琉璃瓦，正面一列十根石柱雕有盘龙。大成殿内还悬挂有清代数位皇帝亲自拜谒孔庙时手书的匾额，如康熙的“万世师表”、雍正的“生民未有”、乾隆的“时中立极”等，这些褒语匾额的存在提升了大成殿的价值。

大成殿后的寝殿供奉着孔子神位；最后为圣迹殿，殿内陈列着描述孔子一生事迹的120幅圣迹图石刻画。大成殿东西两侧还有金丝堂、启圣殿、诗礼堂、崇圣祠、家庙等建筑。

由于儒学成为国学，为了弘扬孔子兴学的功绩，唐初设立文庙之制——除京师立文庙以外，各省、府、县也须建立文庙作为向孔子行礼习仪的场所，因而文庙同时也是官学和教化礼仪的中心。京师文庙即太学（国家培养儒生的最高学府），创造性地设圆形“辟雍”，象征教化圆满无缺；地方文庙前则只设半圆形水池，名泮池，象征它们只是辟雍的一半。

地方上的文庙都是以曲阜孔庙为典范建造，只是尺度有所不同，或具有某些地方手法特色。比如

曲阜孔庙内的杏坛

四川富顺县文庙棂星门与泮池上的九龙桥（九龙丹陛）。富顺县文庙始建于北宋年间，是中国历史记载的 1800 多座文庙中保存完整的 29 座之一，具有南方古建筑的风格。

辟雍

“辟雍”一词起源于周代，据史料记载“天子之学曰辟雍”，辟雍四面环水，是周天子学习、议事的场所。辟雍最早是建在湖心小岛上的大房子，周边是水，水的外边是树林，天子不仅可以在里面学习政治文化知识，还可以在四周捕鱼狩猎。据汉代大学者蔡邕解释：辟雍的“辟”字与玉璧的“璧”通用，就是指周边的水环绕一周，湖水清澈透明，形成圆型，就像一块无暇的玉璧；“雍”为水中陆地；而“辟雍”这座大房子就建在上面，是玉璧的中心，所以取名辟雍。

北京国子监辟雍大殿始建于清乾隆年间，是皇帝讲学的殿堂。大殿为两重屋檐，上覆黄色琉璃瓦，大殿正面屋檐下高挂着乾隆皇帝书写的“辟雍”匾额。为解决辟雍环水问题，又围绕大殿开凿了环池，并搭建四座石桥直通辟雍四门。

曲阜孔庙十三碑亭。亭内存有唐至民国碑刻50余块，碑文多是皇帝对孔子追谥加封、拜庙新祭、派官致祭和整修庙宇的记录，由汉文、八思巴文（元代蒙古文）、满文等文字刻写。

云南建水文庙，巨大的泮池和雕饰丰富的隔扇门最具特色；苏州文庙中有许多著名的碑刻；四川资中文庙以其精美的透雕大照壁闻名；而天津由于府县两级文庙均设于此，形成了两庙并列的布局，是文庙建筑中的特例。

山东曲阜孔庙与各地的文庙一起构成了全国性的孔庙系统，甚至随着儒学的传播影响到了周边国家，比如日本包括东京在内的许多城市也有孔庙的设置。

佛教建筑

公元前2世纪，汉武帝（前140—前87年在位）派张骞出使西域，打开了通向中亚、西亚的陆上交通“丝绸之路”。佛教沿着贯通中西文化交流的丝路从印度传入中国后，受到广大百姓的信奉，并得到了统治者的重视与扶持。魏晋南北朝时期（220—589），佛教的传播达到高峰，当时的梁武帝（502—549年在位）把佛教作为国教，大兴寺庙。唐代杜牧的诗句“南朝四百八十寺，多少楼台烟雨中”正是这段史实的写照。唐朝是佛教发展的另一个盛期，不仅中国自身佛教得到发展，而且还传到了朝鲜、日本和越南。元代统治者提倡喇嘛教，因此又出现了许多喇嘛教寺院。

洛阳白马寺山门

洛阳白马寺天王殿正脊中央的陶塑的圆形“佛光”

我们把流行于以汉族为主的中国大多数地区的佛教称为汉传佛教；由印度与尼泊尔直接传入西藏的密宗佛教称为藏传佛教，俗称喇嘛教；在云南西双版纳等地还有少量的南传小乘佛教，其建筑形式与汉族地区传统佛寺大相径庭。

在古代中国，君权向来高于神权。随着佛教的盛行和佛寺的不断增多、僧尼特权的扩大，危及朝廷的利益，北魏太武帝（423—452 年在位）、北周武帝（560—578 年在位）和唐武宗（840—846 年在位）时期曾先后发生过“灭佛”事件。不过这种较大规模的禁佛事件在历史上只占很短时间，过后佛教仍然得到发展。佛教建筑在中国延续了整整 18 个世纪而几乎没有间断，成为中国封建社会最主要的建筑类型之一，其主要建筑形式有佛寺、塔幢和石窟。

佛寺

佛寺是中国佛教建筑的主要类型，是供奉佛像、举行佛教礼仪和僧侣居住的地方。

相传在东汉永平七年（64 年），汉明帝（57—75 年在位）梦见一个高大的金人，大臣傅毅说：“西方有神，名曰佛。”于是汉明帝派遣郎中蔡愔、中郎将秦景等人前往西方天竺（即印度）求法，他们邀请到了两位高僧伽叶摩腾和竺法兰，并带着佛经、佛像回到洛阳。起初，两位高僧被安排住在专门接待外宾的鸿胪寺里，第二年为他们修建了住所，仍称“寺”。由于驮经来中国的是白马，因而取名为“白

山西恒山悬空寺，始建于1500多年前，距地面高约50米。

拉萨布达拉宫远眺

马寺”。从此，原本为中国古代官署之名的“寺”逐渐成为佛教建筑的专称。白马寺开中国佛教寺庙之先河，被称为“中国第一古刹”。

当时，由于佛教迅速传播而缺少专门的佛寺，许多官吏、富商将自己的住宅贡献出来作寺院，称为“舍宅为寺”，通常“以前厅为佛殿，后堂为讲堂”。由于佛教的特征之一是轻物质重精神，所谓“四大皆空”，因此佛教寺院很快和中国传统的四合院建筑形式结合起来，形成了中国佛寺的基本形式，延续至今。

当然，佛寺最初仍按照印度的式样，以佛塔为中心，或采取“前塔后殿”的布置方式；随着佛寺的不断中国化，佛塔逐渐退居后面或一侧，殿堂成为全寺的中心。中国现存最古老的两座木构建筑都是佛殿，即山西五台山的南禅寺大殿和佛光寺大殿，它们斗拱硕大，出檐深远，屋面平缓，装饰简洁，是典型的唐代建筑的风格。

定型后的中国佛寺按照中国固有的建筑形式采用对称式布局，沿中轴线布置山门、钟鼓楼、天王殿、大雄宝殿、藏经楼等，两边布置待客、僧人居住等生活用房。以保存至今较为完整的一组宋代佛寺建筑群——河北正定隆兴寺为例。它的山门对面有照壁，门前有石桥及牌坊，进门左右原为对称的钟鼓楼，正面的大觉六师殿仅留遗址。再往后是东西配殿和摩尼殿，殿后有戒坛，戒坛后两边相对而立的是慈氏

山西五台山南禅寺大殿，是中国现存最早的木结构建筑，建于唐建中三年（782 年）。

云南西双版纳曼苏满寺

阁和转轮藏殿。在东西碑亭之后就是高大的佛香阁（又称大悲阁），内有高 24 米的千手千眼铜观音。最后是弥陀殿，方丈及僧舍都在佛香阁东面。由于建筑体量大小、形态以及院落空间都富于变化，轴线虽长却丝毫不觉呆板。

位于山西浑源、始建于北魏后期的悬空寺是一座特别的佛寺，它是一组由多座悬挂在北岳恒山万仞峭壁上的殿堂组成的寺庙建筑群。这些殿堂的重量完全靠在石崖上凿出石洞然后插入木柱来支撑，殿堂之间再以栈道相连接，蔚为壮观。悬空寺中供奉以佛教为主，兼有儒、道，是中国古代三教相互影响、交融，尤其是到宋代“孔、老、释迦皆至圣”的“三教合流”思想的具体体现。

藏传佛教建筑结合西藏高原上多山的地理情况，多依山而建，与山岭融为一体。建筑结合中原的木结构和当地的碉楼城堡，又吸收了尼泊尔寺庙的装饰特点，从而创造出特有的坚固雄伟、色彩鲜明浓烈的风格。最具有代表性的就是拉萨的布达拉宫。

布达拉宫始建于公元 7 世纪，唐朝文成公主（625—680）进藏与吐蕃赞普松赞干布（617—650）成婚，松赞干布为“公主筑一城以夸示后代”。经历年扩建，几乎占满全山，楼形即山势。全宫分为白宫、红宫、山下的“雪”和龙王潭四部分。白宫历史上是达赖喇嘛生活起居和进行政治活动的地方；红宫是历代达赖的灵塔殿和各类佛堂；雪城历史上是政府机构、作坊、马厩等；龙王潭为后花园。

云南傣族等少数民族地区的佛寺则直接受到缅甸、泰国佛寺的影响，同时又结合了当地建筑的轻透灵巧的特点。建筑群布局灵活；屋顶不仅分层而且分段，充分突出中央部分；屋脊上还布满各种装饰。

塔幢

塔是一种古老的佛教建筑物。古印度的塔最早是供养释迦牟尼的“舍利”（佛身焚化后形成的颗粒）的“窣堵坡”（印度梵文 stupa），作为佛的象征供信徒们膜拜。

佛教传入中国的同时，塔也传入了。但在传入中国后，印度的“窣堵坡”很快就与中国固有的楼阁结合起来，形成了具有中国风格的楼阁式佛塔：楼阁在下；代表佛的“窣堵坡”高高在上，被供奉在塔的顶部，称作“塔刹”；而舍利及后来的佛经、佛像等宝物被珍而重之地收藏在塔下的地宫中。在楼阁式塔的基础上，又发展出了密檐式塔、花塔、过街塔、塔门等形式。即便是直接来源于印度，受汉地楼阁影响较少的喇嘛塔、金刚宝座塔，以及云南傣族地区的缅式塔，其造型和细部装饰上也加上了不少中国式样。

中国古代最早建塔是以木构为主，由于木结构不易长久保存，到南北朝时期发展出砖石塔，唐宋以后又有了铜铁塔，宋代以后更出现了琉璃塔，还有瓷器做的塔等。中国保存的数以千计的古塔，大都是砖石塔。现在留存下来最古的木塔是山西应县的佛宫寺释迦塔（建于辽清宁二年，即公元 1056 年），近千年来历经多次地震仍屹立不倒。而河南登封的嵩岳寺塔（建于北魏正光四年，即公元 523 年）则是中国现存最早的砖塔，也是唯一的一座平面十二边形的塔。

山西应县木塔（佛宫寺释迦塔）

西安大雁塔

河南登封嵩岳寺塔

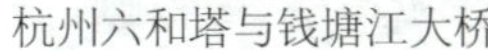
杭州六和塔与钱塘江大桥

云南大理崇圣寺三塔

佛塔由独立孤塔逐渐发展出双塔对峙、三塔鼎立，还有五塔、八塔，甚至上百座塔的塔群。如河南登封少林寺的塔林，有唐朝至清朝千余年间的砖石墓塔 220 多座，形式多样，雕刻丰富，是研究古代砖石建筑和雕刻艺术的宝库。

佛塔在中国脱离了单纯作为佛的象征的意义，具有了其他的用途，被赋予了越来越多的人文内涵。首先是由于中国古代的高层楼阁本来就有登楼眺览的用途，与塔结合之后，这一作用延续了下来。唐宋以后，登塔游览更为盛行，比如西安的大雁塔（慈恩寺塔），许多著名诗人都登塔赋诗，后来，凡进士及第的人都要到大雁塔上去游赏、题诗，一时形成风气。白居易 19 岁中进士后登上此塔，留下了“慈恩塔下题名处，十七人中最少年”的诗句。

随着登塔远眺的发展，塔很自然地被用到了军事用途和航行上。比如中国古塔中最高的一座——高 84 米的河北定县料敌塔，就是宋王朝为了防御北方的辽，以供奉舍利为名建造起来，实则作为观察敌情的瞭望塔；杭州的六和塔原本是为了“镇潮”（钱塘江的大潮）而建，它位于钱塘江入海的江岸转折处，也就担负起了灯塔的重任，“海船航夜泊者，以灯塔为指南”。

今天，中国的塔更多地成为了风景名胜的一部分。北京北海琼华岛上的喇嘛塔“白塔”，由尼泊尔匠师阿尼哥设计，已成为整座北海的风景构图中心；云南大理崇圣寺有三座塔，一主二副，主塔叫千寻塔，副塔是南塔和北塔，合称“崇圣寺三塔”，又叫“大理三塔”，这三座塔位于苍山脚下、洱海之滨，

河北赵县陀罗尼经幢。这里原是唐代开元寺的旧址，经幢为开元寺的建筑物，后寺废而经幢仍存。因幢体刻有陀罗尼经文，故称“陀罗尼经幢”。

风光明媚，是云南的著名景点；杭州西湖边南屏山顶的雷峰塔则是以《白蛇传》这个神话故事为背景，传说中善良的白蛇娘娘就曾被镇压在这座塔下，明嘉靖年间，倭寇侵入杭州，雷峰塔被纵火烧毁，只剩下残破的砖塔心，在夕阳余辉的映照下，形成了西湖十景之一的“雷峰夕照”。

公元 7 世纪后半叶，佛教建筑中出现了一种新的类型——经幢。经幢是在八角形石柱上刻经文（陀罗尼经），用以弘扬佛法的纪念性建筑物。奉弥勒佛为主的佛殿前仅建一个，而奉阿弥陀或药师的则以两个或四个经幢立于殿前。它始见于唐代，到北宋时发展到最高峰，现存的经幢中以河北赵县的北宋经幢最具代表性。

河北定州开元寺塔，中国现存最高大的砖木结构古塔。

石窟

中国的石窟源自印度的石窟寺，这一类型的佛教建筑约在南北朝时期随着佛教传入中国，至唐代进入鼎盛时期。早期的石窟，大体上是沿着汉代通西域的路线分布的，然后进入河西走廊，再流传到广大的中原及南方地区。

这些石窟不仅记录了中国佛教的发展历史，石窟中大量壁画和彩塑还反映了中国古代各个时期艺术与文化的发展变化。中国最著名的三大石窟为：甘肃敦煌的莫高窟、山西大同的云冈石窟和河南洛阳的龙门石窟。

莫高窟俗称“千佛洞”，相传前秦建元二年（366 年），僧人乐樽见到这里的山上金光闪闪似有千佛，于是就在山崖上开凿了第一个洞龛。从十六国（304—439）到元朝，莫高窟的开凿一直沿续了十个朝代，

洛阳龙门石窟大卢舍那像龛的造像（左起：普贤、阿难、卢舍那、迦叶、文殊）。开凿于唐代，正中的卢舍那佛像通高 17.14 米，头高 4 米，耳朵长达 1.9 米。

到今天崖面几乎布满石窟，长长的栈道将大大小小的石窟曲折相连，洞窟的四壁尽是与佛教有关的壁画和彩塑。

值得一提的是壁画中的飞天。飞天，是佛教中称为“香音之神”的能奏乐、善飞舞、满身异香而美丽的菩萨。她既不像希腊带有翅膀的天使，也不像古代印度腾云驾雾的天女，中国古代艺术家用纤长的飘带使她们优美轻盈的身体漫天飞舞、气韵生动。提起敦煌莫高窟，人们就会想到神奇的飞天。

石窟造像越来越大，逐渐从窟内发展到了窟外，到唐朝出现了中国最大的石佛像——四川乐山大佛。大佛以凌云山栖霞峰临江峭壁的天然岩石雕成，又名凌云大佛，为弥勒坐像，从唐开元初年（713 年）开凿，历时 90 年始告完成。佛像高 71 米，肩宽 24 米，耳长 7 米，耳内可并立二人，脚背宽 8.5 米，可站立百余人，是世界最高的大佛。

敦煌莫高窟壁画——飞天

乐山大佛

道教宫观

道教是中国的本土宗教，起源于民间巫教和神仙方术。从殷商时期的敬天法祖，战国时期的方士丹药，秦汉时期“老庄”（老子和庄子）思想与巫术等结合起来形成的所谓“黄老”之道，到东汉张道陵（即张天师）创立“五斗米道”，道教才最终形成。道教奉老子为教主，借用老子的哲学思想，以《道德经》为主要经典。

湖北武当山琼台中观三清殿

佛教“三身”与道教“三清”

“三身”为佛学术语，是梵语 trikāyāh 的意译。身即聚集之义，聚集诸法而成身，故理法之聚集称为法身（梵语 dharmakāya），智法之聚集称为报身（梵语 sambhogakāya），功德法之聚集称为应身（梵语 nirmāakāya）。

“三清”，即玉清、上清、太清，乃道教诸天界中最高者，玉清之主为元始天尊，上清之主是灵宝天尊，太清之主乃道德天尊。这三清尊神乃是道教中世界创造之初的大神。

上海城隍庙，始建于明代永乐年间（1403—1424），是著名的道教宫观和旅游胜地。

由于道教发源于民间，最早的活动场所主要在山区，因此那时的道教建筑只有洞、石室、静室、大堂、山居、草堂、义舍等民居房屋，对修炼和居住环境的要求也非常简单，只不过是“远离尘境，栖寓缥缈”而已。

魏晋时期，为了适应封建统治者的需要，道教借鉴儒家和佛教思想进行改革，逐步完善教礼教义，体现了历代帝王对人民进行精神统治的需求，得到统治者的欢迎，由原始的民间宗教向系统的官方道教发展。为了便于与皇权结合，道教建筑开始出现在平原和城市中，原本是宫廷建筑的“宫”和“观”也成为道教建筑的名称。

2000年来的道教建筑，处于山地的占绝对多数。道教建筑产生这种取向有着自己独特的思想基础：首先是在“道法自然”的基本思想的影响下，崇尚自然、顺应自然与回归自然成为道教在建筑上的必然追求，建筑要取山林野趣，结合山势、适应环境；其次，道士的修行将“得道成仙”作为最终的目标，道教将真实的山林与传说中神仙所居的“洞天福地”相对应，创造出“三十六洞天，七十二福地”，界定了道教建筑的位置和环境；还有就是修练气功和带有神秘性的炼丹的需要，道家要求这类场所必须环境幽静、神秘，山林中正好符合这种要求。

道教是一种多神教，以“太上为祖，释家为宗，夫子为科牌”，三教并重，兼容并蓄，使得儒、释、道之圣共尊于道教建筑之中。而各教派所信仰的神仙又过于纷繁复杂，为了理出一个头绪，便于道教的传播，就效仿佛教的“三身”说，把各派的最高神糅合在一起组成“三清”，因此所有道教建筑中三清

成都青羊宫的八卦亭，亭身为八卦形，基座刻有八卦卦形，形象地表述了道教精深的宇宙生成学说。

殿的地位都最为重要，成为道观中的主殿。此外，又效法儒家的宗法等级制度，把其他的神仙都划定等级，分出尊卑。这样，奉祀他们的建筑也随之有了等级之分，并影响到了总平面的布局。

奉祀道教尊神的宫观是典型的宫观建筑。道教真正供奉的是祖师，而祖师中地位最高的当然是老子，所以道教宫观中供奉祖师的三清殿是主殿、正殿，老子的神主位被供奉在正殿中央；除三清殿外，还多设有祖师殿、老君殿（阁）专门奉祀老子。此外，还有玉皇楼（殿）、圣母殿、斗姥殿、真武宫（奉玄武神）、三官殿（奉天官、地官、水官）等，它们都享有较高的等级，与三清殿往往都居于主轴线上。

同时，皇家、贵族祭祀的上天昊帝、五帝、五岳大帝等的祠庙都为道教托管；此外，祭祀神话传说中的伏羲、女娲、城隍、土地、财神等神灵，历来也都由道士主持；后来，有德行及有惠于民的历史人物，如关帝、妈祖、李冰父子等，也都被纳入道教的奉祀体系。道教宫观出现了很多类型，供奉的内容得以和佛教寺院匹敌。

在具有更多民俗涵义、与人们日常生活更为接近的神祠中，以城隍庙最具特色。城隍是一城居民的保护神，与古希腊以雅典娜为守护神在性质上很类似，不过中国的城隍多为现实生活中有功绩的人，如著名的清官、民族英雄或是为老百姓做过实事的人。城隍庙具有浓郁的民间色彩，常与当地的庙会结合，每年按时按节举办活动，每月初一、十五香火不断。

现存道教宫观大部分为明清时重建，早期遗物很少。原在山西永济县、后迁至芮城的永乐宫始建于唐代，元中统三年（1262 年）重建，是现存最早的道教宫观，有中轴线上的山门、无极之门、三清殿、纯阳殿、重阳殿等主要建筑。明清遗留的道观较多，如北京白云观、江西贵溪县龙虎山正一观、陕西周至县秦岭北麓楼台观、四川成都青羊宫等。

伊斯兰教建筑

中国的伊斯兰教建筑可以分为两类：一类是分布在全国各地的回族清真寺和教长墓（拱北），基本上是汉式建筑加上伊斯兰教宗教活动需要改造而成；另一类是盛行于新疆各地以维吾尔族为主的清真寺和陵墓（玛札），这类伊斯兰教建筑接近中亚文化传统，建筑和装饰风格较为独特。

内地回族清真寺

伊斯兰教传入正值中国的极盛时代——唐贞观年间（627—649），那时候的海上贸易空前发展，形成了“海上丝绸之路”，阿拉伯、波斯穆斯林商人成为中国穆斯林的先驱，他们在沿海一带留下了弥足珍贵的伊斯兰文化的痕迹。而其中四大古寺广州怀圣寺、泉州圣友寺、杭州凤凰寺、扬州仙鹤寺最为著名，号称“沿海四大清真寺”。

广州怀圣寺及寺内光塔

早期内地的回族清真寺直接采用或深受中亚建筑的影响，后来随着汉文化影响的深入，开始

西安化觉巷清真寺讲堂

北京牛街礼拜寺礼拜大殿

利用汉式建筑的技术、材料、工匠和传统布局，按照伊斯兰教的宗教思想内容，创造中国的回族伊斯兰教建筑。至迟在明代初年，内地的伊斯兰教建筑从总体布局到单座建筑的形体、结构、用料，均已大量融进甚至完全接受当地的传统。

后期的清真寺多采用传统的四合院布局，只是朝向麦加天房所在的西向。在礼拜空间不敷使用的时候，就沿中心轴线线后增加一进或多进。西安化觉巷清真寺就是采用多重院落最典型的实例。

中式伊斯兰教建筑受木构件尺寸影响，单座建筑的体量都不大，为了尽可能多地容纳信徒，大殿往往沿礼拜方向将几座建筑纵深联系起来形成一个大空间。这样，几个小屋顶四面坡连成一体，侧面看正脊高低起伏，富有变化，形成了中国伊斯兰教建筑特有的“勾连搭”。

邦克楼，又叫光塔，为呼唤教民作礼拜颂经的建筑，是伊斯兰教特有的标志。广州怀圣寺的光塔式样独特，与中原诸塔迥异，甚至在阿拉伯国家也很难找到相近的实例，只有公元848—852年建造的伊拉克萨马拉大清真寺的螺旋塔略为相似。因为这座特别的塔，怀圣寺又叫做光塔寺。

回族清真寺大殿室内装饰重点突出，例如北京牛街礼拜寺的凹壁精致华丽，殿内全部采用朱红，尤以大殿内柱及柱间欢门，火焰拱券上刻经文、贴金箔，纵横交错，层层叠叠，营造出无限丰富的感觉。它不仅在历史上是北方首寺，在宏丽的规制上也是首屈一指。

新疆维吾尔族清真寺

维吾尔族清真寺全部分布在新疆地区。从 10 世纪伊斯兰教在新疆传播开始，就在旧有的新疆传统民居建筑基础上创立了与回族体系不同的一类伊斯兰教建筑体系。

维吾尔族清真寺建筑布局虽为院落式，但总体无明确轴线，比较自由灵活。主体部分也是礼拜殿，横宽形，有后殿（冬季用）和前廊（夏季用）之分，多采用木构多柱大厅式或土构穹隆结构式。坐落在喀什艾提尕尔广场上的艾提尕尔清真寺是新疆规模最大的古老清真寺，它的礼拜殿就是多柱大厅式，殿内立有木柱 140 根，可谓中国的多柱第一厅。站在这个厅里，人们会不由得想起多柱大厅式的最高典范——西班牙科尔多瓦大清真寺。

大门楼是清真寺的进出口，也是重要标志，通过大门楼的设置可以看出维吾尔族清真寺的等级和地位。最常见的形式是两座高高的光塔夹着屏风墙，墙正面开内凹式尖拱券，设有庞大而坚固的门扇，形同伊朗盛行的屏风门式的门殿。

装饰丰富是所有伊斯兰教建筑的特征，西班牙格拉那达阿尔罕布拉宫的优美华丽就令人叹为观止。而新疆维吾尔族清真寺内装饰纹样和色彩之丰富，也到了登峰造极的地步。

新疆喀什艾提尕尔清真寺

喀什艾提尕尔清真寺的砖画

基督教建筑

广州石室圣心教堂

根据明代西安出土的“大秦景教流行中国碑”记载，景教（基督教）传入中国可追溯到唐贞观九年（635 年）。

最初的教堂多沿用中国的民宅、寺庙，或者按中国传统建筑样式建造，稍加西洋装饰，简单的仅立十字架为象征。后来，一些西方传教士开始自行设计，基督教堂作为西方传入中国的一种建筑类型在各地普遍出现。总的来说，中国的教堂建筑主要受以下几种形式影响。

罗马风教堂。早期在中国出现的教堂常采用这种形制。1847—1853 年建造的上海董家渡圣・方济各・沙勿略教堂（St. Fransis Xavier）为现存最早的一座西式教堂，教堂以第一个来到远东却始终未能进入中国内地而死于上川岛的耶稣会士方济各・沙勿略的名字命名，它就是罗马风与巴洛克式混合的教堂。1860—1861 年在上海法租界四川南路建造的洋泾浜天主堂，原名圣・约瑟堂（St. Josephis Church），是较典型的法国罗马风教堂，侧墙上的彩色玻璃花窗尤其引人注目。

哈尔滨圣·索菲亚教堂

上海徐家汇天主堂

哥特式教堂。这种式样在中国天主教和基督教新教建筑中都很常见。1863—1888 年建于广州的石室圣心教堂是中国近代最典型、施工建造最精细的法国哥特式天主教堂之一，尖塔高 58.5 米，居全国所有教堂之冠。最杰出的哥特式天主教堂当推上海的徐家汇天主堂，它也是上海最大的教堂，正门两侧有高耸的塔楼，内部为哥特式的骨架券结构，整座教堂体形高大，色彩和谐，给人以神圣、崇高的印象，被称为“中国教堂之巨擘”。上海现存最早的基督教礼拜堂——圣三一教堂，也是采用英国哥特教堂式样，局部受罗马风格建筑影响。

仿自文艺复兴与巴洛克式的教堂在中国也为数不少。青岛浙江路圣爱弥尔教堂就是在哥特式与罗马风混杂风格中掺进了文艺复兴建筑的设计手法，是典型的折衷主义建筑。它位于城市中心的制高点——观海山西小岭上，双塔耸立，成为青岛城市空间构图的重要组成部分，也成为城市景观的焦点。

哈尔滨是中国东正教堂建造最多的城市，受俄国教堂样式影响较深。圣·索菲亚教堂始建于 1907 年，拉丁十字形平面，主体部分为纵横相交的筒拱结构，中央穹顶下有四个大砖垛支撑外径十米的圆形鼓座，鼓座上是巨大的洋葱头式穹顶。正面八边形钟楼上为帐篷顶尖塔，尖塔上亦冠以洋葱头式穹顶；其他三面同样处理，只是高度低于正面，以突出主入口。

如果说中国近代主流城市的教堂建筑有改良之处，并不是完全正宗的西方教堂建筑，但终究只是局部掺杂了中国传统建筑元素，形成有折衷主义趋势的风格混杂现象，其模仿的西方教堂建筑的基本风格类型还是可以分辨的。而中国近代边缘城市及边远城镇的教堂建筑就有更加随意得多的建筑形式，中国传统建筑中的塔、屋顶、牌坊、垂花门等构成要素，与西方教堂建筑中的塔楼、穹顶、柱式、拱券、玫瑰窗、十字架等随意组合，形成各种生动活泼、充满趣味的建筑形式，构成中国近代中西建筑文化交融史上的一道独特的风景线。

颐和园佛香阁

涉园成趣

中国古典园林，是把自然的和人造的山水以及植物、建筑融为一体的游赏环境，集中了建筑、绘画、文学、园艺等艺术的精华，是中国建筑中综合性最强、艺术性最高的一种类型。

皇家园林是帝王的苑囿，也称为苑、宫苑、御苑等，大都与宫城或者行宫、离宫相结合，规模宏大，供封建帝王居住、游赏、宴饮、狩猎甚至求仙通神之用；私家园林则一般建于城市中心或城郊，并与住宅紧密联系，占地面积小，风格素雅，装修精巧，它们或是文人墨客归隐闲居、读书会友的场所，或是官僚豪绅夸耀身份和财富的手段。

山西太原晋祠内的难老泉

如果要用一句话来概括中国古典园林的特点，相信大多数人会选择："虽由人作，宛如天开。"中国古典园林，是把自然的和人造的山水以及植物、建筑融为一体的游赏环境，集中了建筑、绘画、文学、园艺等艺术的精华，是中国建筑中综合性最强、艺术性最高的一种类型。

中国古典园林可以分为若干种类型：皇家园林是帝王的苑囿，也称为苑、宫苑、御苑等，大都与宫城或者行宫、离宫相结合，规模宏大，供封建帝王居住、游赏、宴饮、狩猎甚至求仙通神之用；私家园林则一般建于城市中心或城郊，并与住宅紧密联系，占地面积小，风格素雅，装修精巧，它们或是文人墨客归隐闲居、读书会友的场所，或是官僚豪绅夸耀身份和财富的手段；另一类是依托景色优美的自然山水区，经人工加以开发和治理的风景名胜区，它们都是供民众游览的开放式景区。

此外，还有一些园林类型，比如附属于佛寺、道观或坛庙、祠堂等的园林。这些园林大多修建在风景优美的地带，往往古木参天、绿树成荫，内外环境雅致幽静。著名的有北京的潭柘寺、戒台寺，山西太原的晋祠，江苏苏州的西园，浙江杭州西湖的灵隐寺，河北承德的外八庙等。它们中规模大的接近皇家园林，小的又与私家园林风格相似，且往往和风景园林混杂存在，成为风景名胜区的组成部分。

皇家园林

中国古典园林中首先出现的一个类型就是皇家园林，历史上几乎每个朝代都有皇家园林的设置。皇家园林属于皇帝个人和皇室所私有，尽管大多是利用自然山水加以改造而成，也要在营造如画的风景的同时尽量显示皇家的气派；其次，皇帝能够利用其政治上的特权和经济上的雄厚财力，占据大片的土地营造园林供一己享用，其规模之大远非私家园林可比，一般少则几百公顷，大的可到几百里的幅员，气派宏伟，包罗万象。

中国现存皇家宫苑都是清代创建或改建的。清代皇家园林在有山有水的总体布局中，非常注重由园林建筑起控制和主体作用，也注重景点的题名，形成山水园林与建筑宫苑相结合的明显特点。最具有代表性的有承德避暑山庄和北京西郊“三山五园”中的圆明园、颐和园。

避暑山庄——移天缩地在君怀

清初，康熙皇帝为了巩固多民族国家的统一、笼络蒙古族以及满足避暑的需要，在承德修建了行宫——避暑山庄，又称承德离宫或热河行宫，它不仅是一座消夏的园林，也是塞外的一个政治中心。

避暑山庄的规划设计突出地表达了富有天下的封建统治者“移天缩地在君怀”的广阔胸怀。除宫廷区外，山庄的主体苑林区可分为三大景区：湖泊景区、平原景区和山岳景区，荟集南北风景于一园之内。

承德避暑山庄水心榭

湖泊景区具有浓郁的江南水乡情调，平原景区一派塞外草原风光，山岳景区象征北方的山岳。此外，山庄还把江南园林中的许多景点移植了过来，例如“文园狮子林”仿苏州狮子林，“金山亭”再现了镇江金山的景观，“文津阁”效法宁波天一阁，还有“烟雨楼”取自嘉兴南湖烟雨楼。这些并不是单纯的抄袭，而是结合北方特点而进行了艺术上的再创造，使北方宫廷园林融入了民间艺术的诗情画意，追求的是神似而不拘泥于形似，乾隆帝就说过：“略师其意，就其自然之势，不舍己之所长。”

承德避暑山庄烟雨楼

承德避暑山庄金山亭

中国园林发展出了一种独特的艺术手法，那就是景物命名，通过这样的方式直接点明景物所要表达的主题，这样能更有力地引起联想，构成内在形象。承德避暑山庄就先后有康熙皇帝以四个字命名的“康熙三十六景”和乾隆皇帝以三个字命名的“乾隆三十六景”，人称“康乾七十二景”，景景各异。

圆明园——万园之园

在北京的西北郊，历经康熙、雍正、乾隆、嘉庆（1795—1820）、道光（1821—1850）、咸丰（1850—1861）六朝，150 年的经营，建成了中国历代王朝前所未有的由圆明园、长春园和绮春园共同组成的“圆明三园”。

圆明三园都是水景园，园林造景大部分是以水面为主题、因水而成趣的。这些景点构成一个个相对独立的小型园林即“园中之园”，各园之间又以水系、道路相联接，采用对景、借景、透景等手法，使人们漫步其中时，由一种环境自然地过渡到另一种意趣全然不同的环境中去，形成了“大园含小园、园中又有园”的丰富空间。这是圆明园的最大特征，也正因为如此，圆明园被誉为“万园之园”。

明末清初，天主教在中国的传教事业已经有所开展，一些教士也参与了圆明园的建设，设计了六幢

北京圆明园正大光明殿。1798年出版的《英使谒见乾隆纪实》插画，英国威廉·亚历山大绘。

19世纪绘画中的圆明园，近景的欧式建筑西洋楼与远处的典型中式宫廷建筑“方壶胜境”相映成趣。

欧洲18世纪巴洛克风格的宫殿式建筑及庭园，俗称“西洋楼”，成为圆明园中的独特景观。西洋楼建筑是欧洲建筑文化第一次传入中国的完整作品，也是欧洲与中国两大园林体系首次结合的创造性尝试。

圆明园继承了中国3000多年的优秀造园传统，既有宫廷建筑的雍容华贵，又有江南水乡园林的委婉多姿，同时还吸收了欧洲的园林建筑形式，把不同风格的园林建筑融为一体。它不仅以园林著称，而且也是一座收藏相当丰富的皇家博物馆，法国大作家雨果（Victor Hugo，1802—1885）就曾说：“即使把我国（法国）所有圣母院的全部宝物加在一起，也不能同这个规模宏大而富丽堂皇的东方博物馆媲美。”可惜这座园林艺术的杰作在咸丰十年（1860年）被英法侵略者纵火焚毁，废墟只保留下一些山形地貌和少量建筑石雕残迹。

颐和园——最后的皇家园林

清朝皇家园林的另一代表作——颐和园，是中国现存古代园林中保存最完整的一个例子，这座占地面积290公顷的大型天然山水园林是中国最后一座皇家园林。

颐和园选择了西山诸泉所汇成的水域昆明湖为中心而兴建，其总体规划是以杭州西湖作为蓝本，深

颐和园西堤与玉泉山远眺

受江南园林的影响。而昆明湖中南湖岛、藻鉴堂、治镜阁三岛正是皇家园林传统的“一池三山”的布局，颐和园是采用这种布局的最后一座皇家园林，也是硕果仅存的一座。

在园林中建置寺、观、祠庙是皇家园林的一大特色，尤以佛寺居多。乾隆皇帝修建清漪园（颐和园的前身），是以为皇太后祝寿为借口，因而园中的主要建筑群便是位于万寿山前山中央部位、庆祝皇太后寿辰的大报恩延寿寺。这组建筑由天王殿、大雄宝殿、多宝殿、佛香阁、众香界牌楼、智慧海殿等组成，顺应山势，从临湖的山脚一直延伸到山脊，形成一条明显的中轴线。而雄踞于石砌高台之上、金碧辉煌的佛香阁更成为颐和园的标志，也是全园的构图中心。

颐和园中也再现了许多江南的优美风光。园林本身仿照西湖建造，昆明湖上西堤的位置与走向都与苏堤相仿，甚至也有“六桥”；万寿山东麓的谐趣园是仿照无锡寄畅园建造的一座园中之园，规模不大而景色优美，它是在御苑中仿建江南园林最出色的例子；后湖区仿照苏州、南京等地沿河街市建造的买卖街，更令人感觉像是来到了江南水乡的闹市。这些民间的造园艺术极大地丰富了皇家园林的内容，成为皇家园林的又一重要特点。

私家园林

私家园林是相对于皇家的宫廷园林而言的，属于民间的官僚、文人、地主、富商所私有。中国古代的礼法制度为了区分尊卑贵贱，对普通百姓的生活和消费方式作出种种限定，违背者要受到严厉制裁，因此，私家园林无论在内容或形式方面都表现出许多不同于皇家园林之处。

苏州留园内的水榭楼台

中国古典私家园林的兴盛始于魏晋南北朝时期。这一时期，文人雅士厌烦战争，寄情山水，以风雅自居，开启了后世文人经营园林的先河。魏晋风度的旷逸，六朝流韵的潇洒，老庄哲理的玄妙，佛道教义的精微，再加诗文绘画清新的趣味，以及造园艺术实践的经验积累，使得中国园林从这里开始形成了自己的类型特征，“诗情画意”成为中国园林追求的境界。黑格尔（Wilhelm Friedrich Hegel，1770—1831）曾说中国的园林是一种绘画，但那是充满诗意的天然图画，与世界上的另一大园林艺术体系——以追慕古罗马严格的几何构图和宏阔的气派为原则的法国园林艺术截然不同。

从明中叶以后直至清末，江南一带成为私家园林的集中地，造园之风达 300 余年之久。究其原因，既因为江南具有水源充足、气候温和、花木繁多又盛产石料等得天独厚的自然条件，也因为江南地区的富庶提供了发达的经济条件，更重要的则是越来越多的文人画家参与了园林的设计与造园实践，造园高手辈出。巧合的是，当时中国造园理论家计成（1582—？）和造园实践家张涟（1587—1671），都约略与法国两大名园——巴黎郊外的孚·勒·维贡府邸花园和欧洲园林的最高典范凡尔赛宫的设计者，也是欧洲古典园林的代表人物勒·诺特同时；而计成的造园理论著作《园冶》（刊于 1631 年）与法国造园家布阿依索的名著《论造园艺术》（刊于 1638 年）也几乎同时问世。

私家园林大多是按照主人的理想和趣味来兴建的，园主的志趣不同，每个园林的风格也就各具特色，而它们共同的追求则是“虽由人作，宛自天开”，也就是用人工的力量来营造自然山林的境界。

由于私家园林占地不广，为了达到这种效果，就须如《履园丛话》所说：“造园如作诗文，必使曲折有法。”要在有限的空间内创造出丰富的变化，巧妙地组成有虚有实、步移景异的园景，扩大游人观赏的时间与内容。较为突出的例子要属苏州留园，古人的诗句“庭院深深深几许”是对留园独特的空间处理最好的写照。进入留园，狭长的进口时暗时明，迂回曲折，然后来到“古木交柯”处，始见一带粉墙，透过墙上漏窗可以隐约窥见院内的山池楼阁。转至明瑟楼，不知不觉间已身在园中了。

同时，还要善于利用借景的方法，将远近的景观有机地组合到园内来，使空间向深远推展，与人以不尽之意。苏州拙政园里就可以远远借到城中北寺的塔影。而苏州最古老的园林沧浪亭的借景手法别具一格：由于园外是一湾溪水，因而入口设一座小桥横架溪水之上，沿溪不设围墙而是代之以开有各式漏窗的复廊，将溪水纳入园中，使得园内的空间顿觉开朗，也使得沧浪亭与其他封闭的私家园林迥然不同，拥有了独一无二的特色。

中国园林特别注重两种手法，那就是叠山和理水。一则假山曲水比较容易模仿自然，再加上花草树木的配置与协调，常能形成绘画效果；二则孔子在《论语》中说过“智者乐水，仁者乐山”，堆山开池

不仅出于对自然之美的再现，也代表了对美德和智慧的向往。

叠山并不追求规模，而是对自然山林的形态进行概括、提炼，这样才能以小见大，得自然之神韵。许多假山也能做到峰峦回抱，洞壑幽深，宛如真实的山林。园林用石中以湖石最佳。所谓湖石，即从江湖中捞取的石头，因经水流长年冲刷形成各种玲珑剔透的形状，其中以太湖出产的最为有名，被称为“太湖石”。宋代大画家米芾（1051—1107）对具有观赏价值的石头作了“瘦、皱、漏、透”四字概括，作为品评石头优劣的标准，四者兼备则可称为上品。苏州留园中列十二峰，其中“冠云峰”高三丈，为江南园林中最大的一块湖石，形状奇特挺拔，具“瘦、皱、漏、透”之妙，驰誉至今，相传为宋代“花石纲”遗物。

园林中的水面以合乎自然为美，采用不规则的平面，其上以曲折的小桥或涉水点缀步石来分隔水面，使人望去不觉一览无遗。池边则模仿自然山岸或以自然形态散置块石，并配以细竹野藤、朱鱼翠藻。虽只是一泓池水，却常能有幽深之感。

苏州狮子林不大，但结构精密，叠山理水的艺术处理尤佳。整个布局以东西横向的水池为全园中心，池的东、西、南三面都叠石掇山，山上峰峦起伏，山下洞壑婉转，飞瀑跌落，间以溪谷，且有长廊四面贯通，高下曲折，若隐若现。

中国园林除山石树木外，建筑物的巧妙安排也十分重要，如花间隐榭、水际安亭，还可以利用长廊云墙、曲桥漏窗等划分空间，使园林内层次分明，观之不尽。它们常常既是园景构图的主题，又是风景

苏州拙政园荷塘与北寺塔影

依水而建的沧浪亭

苏州狮子林

的观赏点。如扬州何园，其主楼蝴蝶厅旁连接两层的复道廊可绕全园，高低曲折，随势凌空。中部与东部也以此复廊分隔，透过两层壁上的漏窗，可以互见两边景色，封而不绝，隔而不断，显得空透深远。

中国传统文化中的文学艺术，尤其是诗词书画对造园艺术的影响尤为突出。

拙政园是苏州的名园之一，始建于明代中叶，距今已有 500 年历史，是江南私家园林的代表作。该园为明代嘉靖年间御史王献臣所建，取西晋潘岳《闲居赋》中“拙者之为政”的意思，表示园主不得意于朝政，筑园聊以自慰的心情。明代画家文征明（1470—1559）曾多次为这所园林作画，最著名的就是《拙政园卅一景图》。苏州退思园的园主亦是落职回乡，这一园名则取自《左传》中“进思尽忠，退思补过”之意。而扬州寄啸山庄撷取晋人陶渊明（365—427）《归去来辞》“倚南窗以寄傲，登东皋以舒啸”句意为名。

苏州留园冠云峰，苏州园林中著名的庭院置石之一

扬州何园的复廊与漏窗墙

除了园名的煞费苦心外，营造园林的文人雅士通常还将楹联、诗词、题咏与园林相结合，深化人们对景色的理解，使园林更富有诗情画意。拙政园主厅是座四面敞开的荷花厅，取周敦颐（1017—1073）《爱莲说》荷花“香远益清”，称远香堂，表示了园主自谓如荷花般高洁之意；临池建有留听阁，景色也是以荷花为主，却胜在秋天如李商隐诗中“秋阴不散霜飞晚，留得残荷听雨声”的诗意。沧浪亭石柱上所刻对联“清风明月本无价，近水远山皆有情”，文辞秀美，意味深长，更是不可多得的佳作。

不同的季节，园林呈现不同的风光。扬州个园桂花厅南的进口处，修竹临门清新悦目，其间配置参差的石笋，一真一假构成了春景；园的西北为湖石夏山，涧谷深邃，清幽凉爽；秋山是一座黄石山，拔地而起，峻峭雄伟，每当夕阳西下，晚霞映照在山上，色彩斑斓，犹如一幅秋山图；在东南小庭院中，沿墙堆叠白色宣石，象征雪意，又在墙面开窗引风造成寒风呼啸的效果，是为冬景。个园从不同的欣赏角度，构建了不同季节的假山，正如北宋著名山水画家郭熙（1020—1109）在其画论《林泉高致》中所说：

扬州个园夏山

“春山淡冶而如笑，夏山苍翠而如滴，秋山明净而如妆，冬山惨淡而如睡。”

扬州的另一名园——何园，园中根据植物的季节性，精心栽培了碧梧、丹桂、牡丹、芍药、芭蕉等，创造出了春时绚烂、夏日浓荫、秋季葱郁、冬季苍青的四季不同风貌。

许多文人墨客的物质生活与精神生活都已离不开园林，园林中也处处能够感受和触摸到文人情感、意趣与气息。因而，园林应该不仅仅由山水泉石、亭台楼阁组成，所有与园居相联系并能烘托园林气氛的一切，都是园林的组成部分，从文房四宝到风花雪月，正是它们的总和组成了中国封建社会别具一格的文化，也是园林风格形成的背景。私家园林中装修和家具陈设以典雅、古朴、自然为上品，它们向人们展示了这些文人阶层园居生活更深入细致的部分，呈现给我们一个丰富而立体的园林，让我们对园居生活有了更感性的认识。

安徽歙县棠樾村的牌坊群与民居

乡土建筑

乡土建筑就是在乡村土生土长的建筑，以民居为主，还包括与之相关的祠堂、戏楼、牌坊等建筑形式。中国乡土建筑的产生和发展与人们的社会生活密切相关，它既反映人们的生产状况、风俗习惯、民族差异、宗教信仰，同时又积淀着人们的审美取向和社会意识。

中国地域广大，民族众多，不同的自然地理环境与民族风俗，使得分布在各地的民居在遵循中国传统建筑基本规律的前提下，具有浓郁的地域特色和民族风情。

乡土建筑就是在乡村土生土长的建筑，以民居为主，还包括与之相关的祠堂、戏楼、牌坊等建筑形式。中国乡土建筑的产生和发展与人们的社会生活密切相关，它既反映人们的生产状况、风俗习惯、民族差异、宗教信仰，同时又积淀着人们的审美取向和社会意识。

宗法伦理思想与阴阳五行学说对中国传统乡土建筑的平面分布、空间构成与场景处理都产生了深远的影响。中国传统民居的分布多为适应聚族而居的家族生活的需要，从同族村落、坞寨、同祖的府第到同宗的庭院，都是以亲缘关系为纽带。由于中国人传统的敬祖观念，供奉祖先的祠堂往往成为家庭甚至村落中最重要的建筑物，其他建筑物的安排都以之为中心。而中国古代宗法伦理中的“礼”讲究的是父尊子卑，长幼有序，男女有别。表现在建筑布局上，首先就是父母居住的正屋安排在整个组群的中轴线上，位置居中，子孙辈居住的厢房对称排列在正屋东西两旁；父辈与子孙辈的居室在建筑规模、室内装饰与陈设上也有等级之分。对男女之别的要求重在限制和规范妇女行为自由与人身自由，反映在居室的布局上，就是男处外庭、女居内室，一般情况下妇女不能擅自步出院外，外人也不能随便进入内院。人们习惯将妻子称为“内人”，就是由此而来。

“风水”之说是中国古代以阴阳五行学说为基础的相宅、相墓之术。由于古人相信建筑的“风水”会直接影响家族的兴旺和发达，因而他们在建屋之时首先考虑的就是“风水”的好坏，以“风水”之说来指导基址的选择、平面布局和空间构成等方面如何遵循阴阳五行，以达到趋吉避凶的心理和生理需求。风水学说虽然带有浓厚的迷信色彩，但关于房屋朝向的选择等方面，其实也是对古代选址建房经验的总结。

中国地域广大，民族众多，不同的自然地理环境与民族风俗，使得分布在各地的民居在遵循中国传统建筑基本规律的前提下，具有浓郁的地域特色和民族风情。这些民居不仅建筑考究，而且种类很多，这里只能选择其中比较具有代表性的几种略加介绍。

四川理县，石片堆砌的羌族民居与碉楼。

山西祁县乔家大院的庭院。乔家大院是清代著名晋商乔致庸的宅第，是一座具有北方民居建筑风格的古宅。始建于清乾隆二十年（1755 年）。整个院落呈双“喜”字形，分为 6 个大院，内套 20 个小院，共 313 间房屋。

北京四合院

中国北方的传统民居，总的特点是以院落（或天井）为中心，依内虚外实的原则和中轴对称格局规整地布置各种用房。其中的北京四合院长期处于都城所在地，很自然地沿用了一整套严密的官式做法，符合中国古代社会的家族型制需要和宗教、伦理需要，在中国古代的居住建筑中最为典型。

北京四合院多按一条南北向中轴线对称地布置房屋和院落，大门开在东南角上，按风水学说和八卦方位，这是最吉利的"坎宅巽门"，可以带来财运。进门后迎面是一堵饰有精致砖雕的影壁，古代使用影壁的主要目的是避邪；从空间艺术上来说，可以增加空间变化和隔绝外部视线，满足了封建家庭对私密性的要求以及内向的心理特点。

转西是一个小而窄的前院，院南的倒座房作为外客厅、书塾、账房或者杂物间。前院北端是宅院的二门，它位于中轴线上，前檐左右两根柱子不落地而垂在半空，柱下端雕成花形，因而称作"垂花门"，大都非常华丽，是宅院中的装饰重点。垂花门是分隔内院与外院、内宅与外宅的一道分界门，在有厅堂的多进院落中，就移到厅堂之后，成为"前堂后寝"格局中的寝门。

垂花门内就是四合院的主庭院，庭院内栽植花木，构成安静舒适的居住环境。庭院北边坐北朝南的

北京门头沟区斋堂镇爨底下村民居四合院的福字影壁

北京，胡同里的四合院民居大门。

正房是整个四合院的主体，由于明清时期房屋等级规定中的“庶民庐舍不过三间五架”，大多都是三开间，两侧设有毗连的耳房。厢房对称地坐落在庭院两侧。正房后有小院，小院内的一排房子叫“罩房”，作为宅院的最后一进。

四合院内全部房屋都按尊卑、长幼的次序安排使用：正房内居住的是宅主（长辈），当中的堂屋供奉着祖先的牌位，如同微型的祠堂；正房两侧的厢房供晚辈居住；地位最低的仆役只能住在外院的下房，女佣住在罩房。其他房屋不论开间、进深尺寸还是高矮、装修做法等方面都低于正房，这样的安排，形成了明确的主从、正偏、内外关系，突出了祖宗的尊崇和父权的威势，使得正房不仅是实际家庭生活的中心，也成为家族精神的象征。

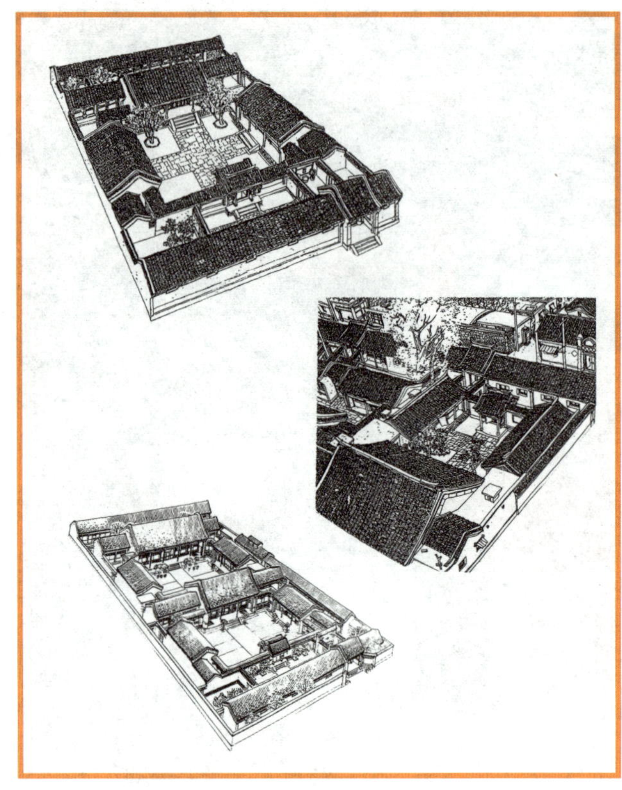

典型的北京四合院住宅

四合院的形式还有一个好处，就是可以无限“扩张”。随着家族人口增长或生活需要，可以形成多进院落，也可以在主轴旁带跨院或者多路并列，运用廊与墙来穿连、围隔。这种住宅形制，符合中国古代的家族传统及其发展方式。

除北京四合院外，冀南和晋陕豫等地夏季炎热，院子变成南北窄长，以遮挡烈日；西北甘肃、青海，为御寒防沙，院墙高厚，称为“庄窠”；东北地广人稀、气候寒冷，为更多接纳阳光，宅院常十分宽大。各地的四合院适应环境的需要，都有着不同的特点。

西北窑洞

中国的黄河中游有大片黄土层，易于挖掘，并具有防寒、保暖的特性，因而在黄土断崖处挖掘横向穴洞的居住形式——窑洞民居，广泛分布在甘肃、陕西、山西、河南等省。

窑洞民居是一种充分保持自然生态、依附于大地的民居，它没有一般建筑所具有的形体与轮廓，其艺术风格中表现出来的是黄土的色彩、质感和内部空间构成的巧妙性，具有粗犷、淳朴、敦厚的乡土气息。窑洞民居有三大类：靠崖窑、天井窑和锢窑。

靠崖窑是直接挖掘横洞成窑，它们依山沿沟，自由地高低起伏。在土壁深厚的窑洞上面可以再挖窑洞，称“天窑”，用坡道或砖梯与地面相连，也可以在室内用楼梯直接相通。窑洞外多用土墙围成小院，或与锢窑组合成三合院、四合院，甚至两进院等大型住宅。

天井窑是在平坦地带挖出下沉院落，然后在四壁挖出横窑。出入地坑的长长梯道有的在院内，有的在院外经过洞进入院子；有的直进，有的拐角，还有的回转，形式各异，为天井窑群落增添了不少趣味。

陕北黄土高原窑洞群

陕西渭北旱塬地段的地窑，也叫天井窑、地坑窑，深可达十几米，院落和四合院相似。由地窑组成的村庄，站在远处几乎只能看到树荫而不见其他。

锢窑实质上是用土坯、砖石发券建造的房屋，券顶上覆以土层。锢窑最普遍的形式是三孔锢窑，并以此为基本单元组成三合院或四合院；也有与木构架房屋结合的，往往也是以锢窑作为上房，取其冬暖夏凉的优点。

窑洞民居虽然建筑形式与其他民居截然不同，但从空间组合来看，仍不失传统民居的格局。许多窑洞都以北窑为上，用作起居室或长辈的卧室，东西厢窑洞为卧室、厨房或储藏室，南边除人口外多用作厕所、畜圈等，大门置于院子的东南角，其空间关系很像四合院住宅。可见，无论民居形式、材料怎么变化，其本质却没有变，还是内院式的，这是受古代封建宗族社会形态影响的结果。

徽州民居

徽州以民居村落见长，村落布局依山傍水，环境优美。在明清时代，风水是徽州社会最为关切的问题之一，在徽州人心目中，“吉地不可无水”、“聚水如聚财”，因而每个村落都有溪水流过，“水口”是整个村落风水的咽喉，关系到家族人丁、财富的兴衰聚散。除了树林外，还必须在水口盖设标志性的

安徽黟县宏村被称为“中国画里的乡村”，其街道的风格、古建筑和装饰物，以及供水系统完备的民居都是非常独特的文化遗存。

建筑，以锁住关口，如唐模的路亭、休宁的牌坊、黟县碧山的塔等，而歙县棠樾更是一连有 7 座宣扬孝子、善民、节妇事迹的石牌坊（牌坊由皇帝敕建或自建，有的为了光耀门第，有的借孝子、节妇的事迹宣扬封建道德，对后人起教化作用）排列在村口的大道上，颇有气势。

徽州是家族制度极为盛行的地区之一，各姓都是聚族而居。祠堂是家族的中心，通过开祠致祭和其他的家族活动，将族众牢固地团结在同一祖宗的牌位之下，形成了一个个严密的血缘组织，而子孙们都围绕着祠堂建造住宅。

住宅的平面布局采用流行于江苏、浙江、安徽、江西一带的天井院形式。一般是大门入口里面有一个天井，天井是住宅的中心，各屋都向天井排水，当地人称之为“四水归堂”，有财不外流的寓意。然后是半开敞的堂屋，左右有厢房，堂屋后是楼梯、厨房等，也有的把楼梯设在厢房与正屋之间的空间；楼上有一圈廊，空间布局与楼下相同。住宅周围以高大的封火墙和围墙包围，不开窗，较为封闭，但粉墙黛瓦，高低错落，实中有虚，自成一格。

徽州多商贾，民居多为富商所建，他们在天井院里雕梁画栋以显示自己的权势与财富，因而徽州民居以木、砖、石“三雕”精美绝伦著称。为防止邻人失火殃及自家而修的封火山墙，具有相当实际的用途，但后来也逐渐成为一种特殊的装饰，诸如马头墙、弓形墙、云形墙等，以其起伏变化体现了徽州民居独特的韵律感。

巴蜀山地住宅

“蜀道之难，难于上青天”。巴山蜀水自古以来以地势险峻著称，因而巴蜀地区的民居总是与高高低低的地势联系起来的。在布局上，主要房屋仍有中轴线，次要房屋和院落的形状大小就不拘一格了。为适应山地特点，住宅的朝向和形式往往都取决于地形，大体来说有以下几种：

“台”。用于坡度比较陡的地方，像开凿梯田一样，把坡面一层层地削平，逐层升高，形成一个个宽广的平台。由此，房屋便按等高线方向布置，层层叠叠，气势非凡。

“挑”。用于地形偏窄的地方，于楼层筑出挑楼或挑廊，以扩大室内空间。

“拖”。用于山坡比较平坦的地方，将房屋按垂直于等高线的方向顺坡分级建造。这种做法一般用于民居的厢房，屋顶呈阶梯状，生动轻快。

“坡”。房屋也按垂直于等高线的方向顺坡建造，坡度比“拖”更平缓，仅将室内地面分出若干不

重庆江津中山古镇，笋溪河畔的吊脚楼。

同的高度，屋面保持整体的连续性。

“梭”。这是将房屋的屋顶向后拉长，形成前高后低的披屋，多用于厢房。当厢房平行于等高线时，梭厢地面低于厢房地面，可以梭下很远。

“吊”。由于在坡地上建屋，进深很难加大，所以用悬挑的办法使楼上的房间进深扩大。楼层挑出，既扩大了居室面积，又给楼下的出入口起到了雨篷的作用，造型也更为生动。部分民居由于地势陡峭，吊脚楼的撑柱做得很长，有的竟超过两层；还有的顺着陡坡层层造房屋，一级级的往外出挑。这种建筑在重庆附近的长江和嘉陵江沿岸很多，独具特色。

福建土楼

福建南部永定、龙岩、彰平和漳州一带，散布着许多客家土楼住宅。土楼体量高大，通常是三到四层，总高可至十二三米，外墙是厚达 1—2 米坚实的夯土墙，是福建民居中最典型、最有特色、也最引人注目的一种建筑形式。福建土楼最有代表性的主要有三种：圆楼、方楼与五凤楼，此外还有许多变异的形式。

土楼的建造者以从魏晋时代开始因战乱而逐步南迁的中原汉族人——客家人为主。由于社会不稳定，匪盗迭起，这种聚族而居可容纳数百人的堡垒式住宅，是客家人为防卫械斗侵袭而采取的办法。

圆楼的代表是永定县的承启楼。承启楼建于清康熙四十八年（1709 年），历时三年完工，直径达 62.6 米。承启楼共有 4 环，外环共 4 层，底层作厨房，二层是仓库，三层四层是卧室，每层都有前廊环通；二环三环都是单层；最里面一环是全楼的祖堂，与土楼南面的大门处在一条中轴线上。

方楼四面都高三到四层，内院里也都在正对大门的中轴线上设置祖堂。大多数方形土楼的外围和内院之中都有附加的建筑物，当地人把它叫“厝”，这些附加的建筑与土楼结合得非常妥帖，体现了一种主从关系，成为土楼院落不可分割的一个部分，创造了丰富多彩的空间形式以及优美的群体建筑形象。

方圆土楼都在中央位置设有祖堂，供放祖先的牌位，也是举办典礼的场所。在以宗族聚居的土楼中，祖堂是至高无上的，敬祖是传统的美德，是团结血亲的纽带；祖堂放在楼内居中的主要部位，这不仅是一种中央崇拜的仪制，对于中原移入闽南的客家人和其他移民来讲，恐怕还有不忘其本、不忘其祖的深刻的含意。

五凤楼是闽西南土楼中一种很突出的形式。在中轴线上分列三堂，下堂为门屋，稍低；中堂为祖堂，作为接待宾客、举行宗法典礼的场所，是全宅的中心，稍高；后堂为三至五层的主楼，高矗在中轴线的

福建省三明市大田县广平镇万筹村的光裕堡，建于清末，完工于1906年，为府第式“五凤楼”土堡，当地人称之为“假城”，呈前方后圆之形，占地3000平米。

北端，是族内尊长的居处，为全宅最高建筑。三堂之间有廊庑连接，围合成两个院落。左右建两列屋顶为歇山式的横屋，呈阶梯状，由三层逐步递落为两层、单层，犹如三堂的两翼，是辈分较低者的住处。

五凤楼可以说是最早出现的福建土楼的形态，所以它与中原传统建筑的联系也最紧密，演变到方楼、圆楼后，福建土楼民居的形态才几乎彻底地改头换面。圆楼与方楼除了居中的祠堂处在至高无上的地位外，家族内部的尊卑秩序几乎看不到了，全是大小一致的卧房环绕中心布局。尤其是圆楼，除了祖堂有明显的等级标识之外，所有的居住空间不分辈分大小一律均等，同样大小的房间，同样大小的居住单元，不讲朝向，不论方位。而五凤楼则充分体现了“礼别异，卑尊有分，上下有等，谓之礼”的社会伦理观念，在其中还看不出圆楼中那种均等一律的关系，它的房间等级差别最为明显，整座五凤楼的造型布局简直就是伦理制度、儒家礼教的翻版。

福建永定土楼群

蒙古包

“天苍苍，野茫茫，风吹草低见牛羊”（《敕勒歌》）描写了内蒙古蒙古族和新疆哈萨克族等民族聚居地区的草原风光。在绿色的大草原上散布着许多白色的毡包——蒙古包，这是适应他们逐水草而居的游牧生活而产生的别具一格的居住形式。

蒙古包是一种圆形的活动房屋，由于它的外形隆起，所以古人称之为“穹庐”。蒙古包的直径多为4—6米，用木条编成网架，外面蒙上羊皮或毛毡。上面覆盖一个伞形的屋顶，也是装配式的，顶端留有开闭方便的圆形天孔，既是采光、通风口，也是排烟口。蒙古包内正对入口是主人的居处，全包的中央是做饭取暖的火塘火架，地上和四壁往往铺挂色彩鲜艳的毡毯，使得小小的空间显得热烈而温暖。

蒙古包大的迁移一般一年有两次，五月份天气渐暖，要找一个水草丰美、适合放牧的地区；十月份凉风吹来，又要找一个过冬的地方。蒙古包拆装都十分方便，只要一两个小时，迁移时用驼车或马车运送。

新疆伊犁，那拉提草原上的蒙古包。

新疆“阿以旺”

阿以旺式民居由阿以旺厅而得名，“阿以旺”是维吾尔语，意为“明亮的处所”，它是新疆维吾尔族民居享有盛名的建筑形式，具有十分鲜明的民族特点和地方特色，已有 2000 多年历史。

阿以旺厅是该类民居中面积最大、层高最高、装饰最好、最明亮的厅室，室内中部设二至八根柱子，柱子上部突出屋面，设高侧窗采光。柱子四周设 2.5 – 5 米宽、45 厘米高的炕台，上铺地毯，为日常生活、待客就餐、纳凉休息、夏日夜宿、儿童游戏、老人养病及妇女纺纱、养蚕、织毯、农忙选种等农务的辅助空间。每当佳节喜庆，则是能歌善舞的维吾尔族人民欢聚弹唱、载歌起舞的欢乐空间。阿以旺式民居的其他房间都围绕着阿以旺厅布置。

从建筑的角度看，“阿以旺”完全是室内部分，是民居内共有的起居室；但从功能分析，它却是室外活动场地，是待客、聚会、歌舞活动的场所。“阿以旺”比其他户外活动场所如外廊、天井对风沙及寒冷、酷暑更加适应。这是一种根植于当地地理、文化环境中的本土建筑，新疆特有的气候特征是维吾尔族人民创造出“阿以旺”民居最深刻的源泉。

新疆喀什，维吾尔族农家民居。

藏族碉房

四川丹巴，美人谷藏寨的碉房。

藏族主要分布在西藏、青海、甘肃及四川西部一带，为了适应青藏高原上的气候和环境，传统藏族民居大多采用石构，形如碉堡，所以被称为“碉房”。

碉房一般有三到四层，底层养牲口和堆放饲料、杂物；二层布置卧室、厨房等；三层设有经堂。由于藏族信仰藏传佛教，诵经拜佛的经堂占有重要位置，神位上方不能住人或堆放杂物，所以都设在房屋的顶层。为了扩大室内空间，二层常挑出墙外，轻巧的挑楼与厚重的石砌墙体形成鲜明的对比，建筑外形因此富于变化。

藏族民居色彩朴素协调，基本采用材料的本色：泥土的土黄色，石块的米黄、青色、暗红色，木料部分则涂上暗红，与明色调的墙面屋顶形成对比。粗石垒造的墙面上开有成排的上大下小的梯形窗洞，窗洞上带有彩色的出檐。在高原上的蓝天白云、雪山冰川的映衬下，座座碉房造型严整而色彩富丽，风格粗犷而凝重。

云南傣族竹楼

傣族是云南地区古老的民族，主要聚居在云南西双版纳傣族自治州和德宏傣族景颇族自治州。那里地势平缓，澜沧江、瑞丽江分别贯穿其间，雨量充沛，竹木茂密。

每一户都用竹篱围成单独的院落，院内种植热带果木。房屋多用竹子建造，所以称为“竹楼”。竹楼平面近方形，为了通风散热和防潮，底层架空，用来饲养牲畜和堆放杂物。从木楼梯登上前廊，是进入室内的过渡空间，前廊有顶，周围以栏杆和“美人靠”围合，空气流通，光线良好，是主人待客、纳凉和日常活动的地方。外有露天的晒台，用来存放水罐、晾晒衣物。室内是堂屋和卧室，堂屋内设火塘，煮饭烧茶，供一家人团聚。

竹楼多采用歇山屋顶，脊短坡陡，出檐深远，四周并建偏厦，构成重檐，防止烈日照射，使整栋房屋的室内空间都笼罩在浓密的阴影中，以降低室温。灵活多变的建筑体型、轮廓丰富的歇山屋顶、遮蔽烈日的偏厦、通透的架空层和前廊，在取得良好的通风遮阳效果的同时，形成强烈的虚实、明暗、轻重对比，建筑风格轻盈、通透、纤巧。

傣家竹楼

青岛八大关建筑群鸟瞰。

西风东渐——近代建筑

鸦片战争前，中国是一个发展迟缓而又长期闭关自守的封建国家。因此，以高度成熟的木构架体系为主体，具有独特的、程序化的传统风格的中国古代建筑，处在与西方建筑几乎完全隔膜的状态中。

以鸦片战争为标志，中国步入了半封建半殖民地的近代社会，也由此开始了中国近代建筑的历史进程，并在西方建筑文化的冲击、激发与推动下展开。一方面是中国传统建筑文化的继续，一方面是西方外来建筑文化的传播，这两种建筑活动的互相作用，构成了中国近代建筑史的主线，也使中国的近代建筑独具特征。

中西合璧的民居——开平碉楼。这种集防卫、居住和中西建筑艺术于一体的多层塔楼式建筑广泛分布在广东开平的乡村，大部分是 19 世纪末到 20 世纪 20 年代由旅居北美的开平籍华侨修建的。2007 年 6 月，“开平碉楼和古村落”被联合国教科文组织列入世界遗产名录。

1840 年鸦片战争以前，中国也曾出现少量西方建筑的踪迹，包括 1557 年葡萄牙人租居澳门后建造的早期教堂、商馆等，1685 年以后广州建造的十三行建筑以及前面提到过的北京圆明园中的西洋楼。但是当时的澳门与广州的十三行都在中国政府的严格控制之下，西方建筑不具备广泛传播的条件，也无法对中国建筑产生普遍的影响。

鸦片战争后，随着殖民主义、帝国主义的侵入，封建经济结构的解体和资本主义生产方式的发展，成批的西方建筑传入中国。近代建筑类型和近代建筑技术接踵在中国出现，产生了中国近代的新建筑体系，形成中国近代建筑发展中新旧建筑体系并存，中西建筑风格交汇并相互渗透、融合的状态。

很显然，中国新的建筑体系的产生并不是由中国传统木构建筑体系渐次演变而来，而是伴随着帝国主义国家对中国的侵略直接由西方国家传入，是在特定历史条件下发生的突变。因而新建筑体系的建筑早期主要建造在中国为数不多的大城市，尤其是辟有租界的商埠城市或由某一国占领的租借城市中，然后再逐渐扩散到中国各地。

19 世纪下半叶到 20 世纪二三十年代，欧美各国建筑经历了由古典复兴、浪漫主义经折衷主义、新艺术运动向现代建筑转化的变革时期，这些建筑风格都先后或交错地呈现在中国近代新建筑活动中。在上海、天津、汉口等多国占领的租界城市，混杂着欧美各国当时流行的建筑风格，城市面貌较紊杂；而在青岛、大连、哈尔滨等由一国占领的租借地城市，则呈现着经过统一规划的、较单一的建筑风格，城市风格较协调。

上海

上海是中国近代建筑史上最重要、影响最大的城市。西方建筑师以及西方培养的中国建筑师在上海开埠以后引进了西方建筑文化，在 19 世纪下半叶和 20 世纪初建造了一大批富有艺术性和功能性的建筑，完全打破了传统的建筑型制和建筑空间。

各个历史时期，各种有代表性的建筑风格几乎都可以在上海的近代建筑中找到，从古埃及的建筑、古希腊和古罗马的古典柱式、拜占廷式、罗马风式、俄罗斯东正教式、哥特式、文艺复兴式、巴洛克式、古典主义和新古典主义式，到现代建筑各个流派的风格，中国传统宫殿式建筑和民间传统建筑等，所以，上海的近代建筑有着极为丰富的内涵，成为一部活生生的世界建筑史。上海的近代建筑还表现出广泛的地域风格，遍及英国式、德国式、法国式、意大利式、西班牙式、地中海式、美国式、印度式、日本式、俄国式、北欧式以及伊斯兰建筑的风格，有的从整体上，也有的只是在建筑装饰纹样、色彩或细部上体现了这种地域性风格。

外滩是上海作为近代大都市的发源地，它的发展是上海成长的一个缩影，长期以来一直是上海的城市标志和象征。外滩的建筑经历了 19 世纪中叶的近代建筑的初创时期、19 世纪末和 20 世纪初的繁荣时期以及 20 世纪二三十年代的鼎盛时期。至今在外滩西侧，还鳞次栉比地矗立着 52 幢哥特式、巴洛克式、罗马式、古典主义式、文艺复兴式、中西合璧式等各种风格的大厦。以中国银行与和平饭店、海关大楼和汇丰银行这两组建筑作为构图中心的外滩建筑群，虽然出自不同建筑师之手，风格迥异，但是建筑格调统一、轮廓协调，在黄浦江西岸划出了一道优美的天际线，享有“万国建筑博览会”的盛名。

上海外滩的近代建筑群

天津

天津距中国的政治中心北京近在咫尺，这种京畿屏障的政治地理位置成为天津近代城市发展的重要原因。1860 年以后，英、法、美、德、日、俄、奥、意、比等国先后在天津开辟租界，其中意大利、比利时、奥地利三国在亚洲只在天津设立了租界。天津的九国租界在世界近代史中具有独特性。

租界区建筑活动的大规模开展是在 1900—1937 年尤其是 1912—1937 年间，在短短的时间里，各个国家、各种类型、各种风格的建筑一起涌入天津。由于受第一次世界大战的影响，部分租界存在时间不长，没有形成较大影响；而英、法租界则一再扩张，特别是在中街、劝业场一带，形成建筑集中的繁华地区。

英法租界中街是租界区最早形成的街道，因集中建造了许多银行建筑而有“银行街”之称。这些银行建筑多半采取西方古典复兴样式，使用古典柱式，讲求对称，突出轴线，强调构图中的主从关系，形成比例严谨的立面构图，风格典雅华贵。其中以英国汇丰银行（1925 年）、日本横滨正金银行（1926 年）为典型。

天津解放北路原汇丰银行大楼，现为中国银行天津市分行。

天津劝业场大楼建于1928年，由法籍工程师设计，建筑风格明显受折衷主义建筑形式的影响。劝业场是天津商业的象征，如今仍是天津最繁华的地段之一。

1900年以后，天津的商业中心由旧城区逐渐转移到法租界劝业场一带。20年代，这里的商业迅速发展，商店、旅馆、饭庄、影剧院等商业娱乐建筑大量建造，自1922年起陆续兴建了国民饭店（1922年）、浙江兴业银行（1925年）、惠中饭店（1928年）和劝业场（1928年）等，很快形成了远远超过旧城区的繁华闹市，劝业场也成为天津的标志性建筑。劝业场一带的商业建筑与中街的银行建筑基本上是同时建造的，但这些商业建筑与严谨的银行建筑不同，体型富于变化，多种建筑处理手法并用，用争相耸起的高高的塔楼来追求商业广告性质的争奇斗富，属于折衷主义范畴，也受到现代建筑思潮的影响。

青岛

青岛作为城市是在中国近代产生和发展的，设立之初的二三十年间，先后经德国和日本的殖民统治，最后才被中国政府收回。

青岛近代城市的基本格局奠基于1900年德国殖民当局所作规划，明显受到当时流行于欧洲的“带形城市”和“花园式住宅”规划思想的影响。在城市设计上，利用了岛城的自然地形，凭借了天然的海

青岛花石楼

岸线和山地构造，巧妙组织道路和建筑布局，提倡中世纪欧洲城市的自由活泼、景色如画的规划手法。

德国占据青岛虽然只有短短的十几年，但在此期间大兴土木，建造了许多具有德国特色的建筑物。

观海山南麓的坡地上是“青岛区”中心广场，中轴线长约200米，北端为总督府，南端是位于海湾边上的叶世克（Joeskee）纪念塔。围绕广场建有胶澳法院（1912年）、英国领事馆（1907年）、开治酒店（Wirtshaus fur Katz）、亨利王子饭店（Hotel Prinz Heinrich，1911年）等。

此外，仿德国新文艺复兴样式的青岛火车站（1902年）、胶澳警察署（1905年，Wentrup设计）、胶澳邮政局（1910年）、德华银行（Deutsch-Asiatische Bank，1906年），具有新艺术运动特点的“红房子”，采用露明木构架的海滨饭店（1904年）、水兵俱乐部（1899年），都是青岛的重要建筑物。

德国总督府建于1906年，是那一时期最宏伟的建筑物，具明显的巴洛克建筑特征，配以法国温莎式屋顶。总督官邸（1908年）、总督别墅（又称“花石楼”，1906年）则以石头装饰外墙，建筑体形组合相当复杂，各式屋顶穿插起伏、自由活泼，与同时代的德国建筑不尽相同。

对青岛建筑风貌影响最大的应属这一时期的独立式住宅建筑。当时欧洲正流行工艺美术运动建筑美学思潮，在规划设计上流行花园式住宅区，这对青岛住宅建筑设计颇有影响，再加上业主个人爱好，出现了多种形式：半木构、殖民式、古典复兴式、哥特式……花园住宅成为青岛居住建筑的主体，其

青岛八大关建筑群鸟瞰。这里共有700余座欧式风格的小楼，被誉为“万国建筑博览会”。

中以“八大关”的建筑群最为突出。八大关、太平角、汇泉湾和南海岸一带，上百幢小楼各领风骚，它们各自独立，却又聚拢成区，随着变化的山势，高低错落，疏密相间，构成了一幅红瓦、黄墙、绿树、青山、碧海、蓝天的大写意。

日据时期的建筑以模仿德国统治青岛时期建筑式样为主，只有几幢古典复兴建筑如正金银行、三井洋行等质量较高，所以这一时期虽然建筑量较大，却无甚影响。

大连

大连位于辽东半岛的南端，是中国北方海陆交通枢纽，在经济上和军事上都有着得天独厚的地理优势。1898 年，大连被沙俄“租借”，从此进入近代殖民地城市化的日程；1905 年日本侵占大连，大连进一步殖民地城市化；直到 1945 年第二次世界大战结束，大连作为殖民地城市的近代建筑历史才告终止。

大连的近代建筑形态可分为三个层次。

沙俄占领者规划和奠定了大连城市的基本形态，定下了具有俄国城市格局特点的中心广场——放射形道路系统，并形成了具有俄罗斯和欧洲风味以及 19 世纪折衷主义建筑风格的第一道建筑层次。比如建造在基耶夫大街的海港饭店，它与 19 世纪末俄国国内的一些建筑在形象和处理手法上几无差别；俄罗斯民间木建筑也出现在大连，小巧别致的木屋上戴着绿色的小塔楼，上面挂着羽毛状瓦片，显现着俄国的乡土风味；折衷主义的建筑实例可举出原沙俄时期的商业学校，立面采用了希腊山花、罗马巨柱式。

日本占据大连后，在沙俄规划的基础上继续建设，以仿欧美古典风格的建筑形式兴起大广场与市区的建设。大广场周围就能看到哥特复兴风格的大连民政署厅舍（今大连对外贸易局）、文艺复兴后期风格的正金银行（今中国银行辽宁省分行）、文艺复兴风格的大和饭店（今大连宾馆）、古典复兴式的朝鲜银行（今中国工商银行中山广场支行）等。这些建筑形成大连市区的第二道建筑层次。

随着侵略战争的深入，日本人以大连为侵略战争基地，发展和扩大了市区建设。20 年代末在德国兴起的现代建筑思潮很快影响到了日本，成为当时日本建筑界的主导，因而 30 年代日本建筑师在大连设计的作品多属于“国际式”的范畴，并且渗透着日本建筑固有的和风气质，成为对大连市容影响最大的第三道层次。

位于大连中山广场的中国银行辽宁省分行大楼，以法国古典主义建筑风格为主基调。

大连俄罗斯风情一条街

哈尔滨

哈尔滨是1898年由沙皇俄国在中国东北修筑中东铁路而兴建的一座新型城市。特殊的历史背景使俄罗斯民族传统建筑文化、西方新旧思潮建筑文化和中国传统建筑文化在哈尔滨温和碰撞，交融共生，整合形成独具特色的城市建筑文化。

哈尔滨的城市规划始于1899年，仿照俄国首都莫斯科的面貌进行建设，以在市内呈“丁”字形相交的铁路线把城区分为若干区。其中埠头区（今道里）中国大街上的主要建筑有协和银行（1917年）、马迭尔旅馆（1913年）、秋林商行道里分行（1919年）、俄国侨民会（1909年）等，俄罗斯传统建筑和“新艺术运动”样式的影响在这条名为“中国大街”的街道上得以充分地表现。而建于1903年的哈尔滨火车站作为哈尔滨的门户，则以其“新艺术运动”的样式成为城市的标志。

东正教堂在哈尔滨独特的城市风貌形成中有重要作用。早在1898年，在全市的最高点——南岗的中心修建了东正教圣尼古拉大教堂，教堂平面呈希腊十字形，外形体现了俄罗斯木结构帐篷顶的传统形式，八角形的帐篷顶顶端高举着一个洋葱头形的小穹顶，曾被誉为“东方莫斯科”的象征，可惜已拆除。到20世纪30年代，东正教堂已达25座。1923—1932年间建造的圣索菲亚教堂是哈尔滨规模最大的东正教堂，它深受拜占庭建筑影响，主体采用砖砌拱券结构，在拉丁十字形平面的每个尽端顶部以惯用的帐篷顶加小洋葱头穹顶，交叉处是巨大的洋葱头式大穹顶，成为整个建筑的控制中心，颇有伊斯坦布尔圣索菲亚大教堂的气势，至今仍是人们视线的焦点。

哈尔滨中央大街，原名“中国大街”，为哈尔滨最繁华的商业街。西方建筑史上几百年才形成的建筑风格样式，满布在街道两侧。

北京大学办公楼与华表。办公楼建于1926年，是燕京大学早期主体建筑之一，由耶鲁大学毕业的建筑师墨菲（Henry Killam Murphy）设计。楼前的华表则来自被毁的圆明园，燕京大学初建时移此。

20 世纪头十年，通过不同教育渠道掌握了西方建筑技术的早期中国建筑师开始出现，中国的建筑教育事业起步；同时，受过西方正规建筑教育的海外学子陆续归国，中国建筑进入了中、西方建筑师共同发展的时期。

这一时期不能不提到的是传教士们兴建的教会建筑。为了更好地在中国取得民心，传教士们陆续在上海、南京、天津、北京、广州等大城市兴办了一批文化事业（译书、办报、教会学校）和慈善事业（医院、慈幼、救济）作为传教辅助工具，前后存在近百年。其中学校、医院是建设量最多、规模较大的建筑类型，其建筑形式既有西洋古典主义、折衷主义、中西混合式样，也有“中国式”。

最早的中西合璧的校舍建筑是上海圣约翰大学（校址现为华东政法大学所在地）怀施堂（1894 年）等一系列校舍，它的体量构成仍维持西方建筑式样，只是屋顶采用了中式的单檐歇山顶和重檐四角攒尖顶，塔楼屋顶还模仿江南传统建筑，四角高高翘起。20 世纪初的中国民族主义运动对教堂建筑的形制虽然影响不大，但却增强了教会学校和医院建筑探索中国建筑民族形式的趋势。20 世纪 20 年代前后，出现了更多的中国式的教会大学及一些教会医院，如北京燕京大学（校址现为北京大学）、南京金陵大学（现南京大学）、金陵女子大学（现南京师范大学随园校区）、广州岭南大学（现中山大学）、北京协和医院等。这些校舍及医院充分体现了西方建筑师对中国传统建筑的理解，以及用西方建筑设计手法处理过的中国传统建筑的形式构成要素（主要是屋顶）。虽然他们的尝试建立在西方建筑形式构成观念

南京中山陵全景

的基础上，但他们对之后中国建筑师在这一领域的继续探索带来了不小的启示。

20 世纪初叶之前，圆明园中的西洋楼引领了中国建筑史上以模仿或照搬西方建筑为特征的一股潮流——折衷主义；20 世纪 20 年代以后，教会建筑又引领了中国近代建筑中以模仿中国古代建筑或对之进行改造为特征的另一股潮流——复古主义。伴随着基督教东来而传入，成为中国最早出现的西方建筑的教会建筑，在中国似乎也具有同传教士一样的使命。

在教会建筑的中国化过程中，西方建筑师的设计手法影响启发了中国建筑师的探索，加上孙中山先生民族主义思想的影响，中国建筑师对中国固有建筑形式的探索产生了一批追求民族形式的建筑作品，如 1919 年建造的南京金陵大学北大楼；1926—1929 年建的南京中山陵；1931 年建的广州中山纪念堂等。其中中山陵是中国近代伟大的政治家、革命先行者、国父孙中山先生（1866—1925）的陵墓及其附属纪念建筑群。中山陵由建筑师吕彦直设计，坐北朝南，面积共 8 万余平方米，墓地全局呈“警钟”形图案，主要建筑有：牌坊、墓道、陵门、石阶、碑亭、祭堂和墓室等，排列在一条中轴线上，体现了中国传统建筑的风格。

30 年代中期，通过中国近代建筑师中一些有识之士的探索，兼顾新的建筑功能需要与现代技术特点，又带有民族风格的建筑形式出现了，我们称之为新民族形式主义建筑。这种尝试为中国建筑的现代化与民族化的结合作出了有益的贡献，也对解放后民族形式建筑设计产生了深刻的影响。这类建筑主要集中在当时的首都南京，如 1933 年建的前外交部大楼（现江苏省人大常委会所在地）、1935 年建的国立美术馆（现江苏省美术馆）、1933 年建的中央医院主楼（现南京军区南京总医院探视接待处）等。

由于近代中国政治、经济都经历了剧烈的变化，中国近代建筑史的发展进程，更多地取决于左右社会发展的政治因素与经济因素，对建筑活动影响最大的主要因素就是战争以及与战争密切相关的重大政治事件。受到抗日战争和解放战争的影响，1937—1949 年间，中国的建筑活动整体上进入了停滞期。战时，仅内地城市成都、重庆有所发展。第二次世界大战结束后，现代建筑成为在世界范围内占统治地位的建筑潮流，中国战后兴建的为数不多的建筑也基本采用了纯正的现代建筑风格：华盖建筑师事务所 1935 年设计的美军顾问团公寓 AB 大楼（现南京华东饭店），1945 年竣工，公寓外观为平屋顶，立面简洁，大面积的带状钢窗形成横向线条和划分，是典型的现代建筑；华盖 1948 年设计的浙江第一商业银行大楼（位于今上海黄浦区江西中路 222 号），其流畅的横线条、简洁的外形和合理的内部空间处理，显示了纯熟的现代建筑手法；基泰工程司（中国近代最大的建筑事务所）杨廷宝的南京下关火车站扩建（1946 年）、南京傅厚岗的公路总局（1947 年）、南京小营新生俱乐部（1947 年）、中央通讯社（1948—1949 年）、孙科住宅延晖馆（1948 年）等均为纯粹的现代建筑。总之，战后建筑活动虽然寥寥无几，但明显汇入了世界性的现代建筑潮流。

1947 年，建筑大师杨廷宝设计的南京下关火车站扩建草图。

探寻自我——现代建筑

中国近现代建筑艺术的历史，从某种意义上说是一个过渡和逐渐成长的时期，对于建筑现代化的进程起着决定性的作用。近现代时期的建筑也是一个学习西方先进建筑思想与技术的过程，是一个中西建筑文化融合的过程。

在现代建筑的概念上，这里以 1949 年中华人民共和国成立这一重大历史事件作为分水岭。20 世纪 50 年代初，全国范围内诞生了一批非常优秀的本土现代建筑作品，充分表现了 1949 年之后现代建筑的连续性。

中国近现代建筑艺术的历史，从某种意义上说是一个过渡和逐渐成长的时期，对于建筑现代化的进程起着决定性的作用。近现代时期的建筑也是一个学习西方先进建筑思想与技术的过程，是一个中西建筑文化融合的过程。

在现代建筑的概念上，这里以 1949 年中华人民共和国成立这一重大历史事件作为分水岭。20 世纪 50 年代初，全国范围内诞生了一批非常优秀的本土现代建筑作品，充分表现了 1949 年之后现代建筑的连续性。

重庆市人民会堂，是重庆市的标志性建筑之一，仿北京天坛祈年殿而建。1951 年 6 月动工，1954 年 4 月落成，礼堂高 65 米，圆形大厅四周环绕五层挑楼，可容纳 4200 余人。

1964 年 10 月 18 日，北京国际乒乓球邀请赛在工人体育馆开幕。50 年后，这里仍然是北京重要的文体活动举办地。

1949 年 10 月 1 日，中华人民共和国成立。从政治史角度来看，1949 年中国社会从半封建半殖民地社会进入了新民主主义和社会主义社会，无论是社会制度还是国际、国内政治和经济、文化环境都发生了巨大变迁，但是，中国第一代建筑师在 20 世纪二三十年代的现代建筑实践、现代建筑思想体系的建立以及新中国对现代建筑的客观需要，构成了 1949 年后现代建筑自发延续的基础，中华人民共和国成立前、后的现代建筑仍然表现出不可分割的历史连续性。20 世纪上半叶的中国现代建筑历史在战争的硝烟和创伤中结束，又在新的希望和憧憬中孕育着新的开始。

从 1949 年到 1957 年，是共和国成立后国民经济恢复发展的建设时期，面临着医治战争创伤和恢

北京火车站于1959年1月20日正式破土兴建，仅用了7个月零20天，于9月10日完工，15日正式运营。1996年北京西站建成后，北京站不再是全中国客流量最大的车站，但依旧繁忙。

复生产，以及安定、改善人民生活两个中心任务，而现代建筑的功能主义、反对装饰、利用设计改变劳苦大众生活的追求，用新的建筑材料和手段适应新的工业化社会需求的设计原则与主张，正与这两项任务的诉求相契合。50年代初，全国范围内诞生了一批非常优秀的本土现代建筑作品，充分表现了1949年之后现代建筑的连续性。如广州中山医学院生物楼（1953年）、北京儿童医院（1952—1954年）、上海同济大学文远楼（1951—1953年）、武汉医学院武汉医院（1952—1953年）、同济大学教工俱乐部（1956年）。

1958年，为庆祝中华人民共和国建国10周年，政府决定在首都北京建设10个大型项目。1958年9月5日确定工程的建设任务，10月25日陆续放线、挖槽开工，仅仅用了1年的时间，到1959年10月，就奇迹般地全部完成了人民大会堂、中国革命和中国历史博物馆（今中国国家博物馆）、中国人民革命军事博物馆、北京火车站、北京工人体育馆场、全国农业展览馆、迎宾馆、民族文化宫、民族饭店、华侨大厦共10座建筑。这是一次全国性质的建筑设计的群众运动，正是由于集中了全国的设计和施工精英，“十大建筑”的设计、施工和建筑内容都达到当时的最高水准，在今天看来仍然有许多值得推敲、借鉴、学习之处。

蓝天白云下的国家大剧院和人民大会堂相得益彰。

走向新时代

改革开放之后，中国的经济、社会领域发生巨大变化，中国建筑业迎来了全新的、蓬勃的、开放的时代。

作为对现代建筑理论长期受到主流意识形态和官方文化政策压制的反弹，中国建筑界出现了大规模引进现代建筑运动理论的学术动态，形成了一股现代建筑思潮。而且，在中国的土地上也竖起了外国著名建筑师的作品。

面对各种建筑观念、思想片段在很短的时间里一起碰撞、混杂并产生的种种矛盾，建筑界在思想意识方面的波动，带来了观念的更新。中国的建筑艺术创作进入一个新的时代。

北京长城饭店

改革开放之后，与国际现代建筑运动隔绝近 30 年的中国建筑界，再度把目光投向西方，开始了对西方建筑思想的又一轮大规模的引进。作为对现代建筑理论长期受到主流意识形态和官方文化政策压制的反弹，中国建筑界出现了大规模引进现代建筑运动理论的学术动态，形成了一股现代建筑思潮。而且，在中国的土地上也竖起了外国著名建筑师的作品：北京香山饭店（[美] 贝聿铭，1979—1982 年）探讨现代建筑条件下对传统的继承；北京建国饭店（[美] 陈宜远，1980—1982 年）表现出一个公寓式假日旅馆的效率；南京金陵饭店（香港巴马丹拿公司，1980—1983 年）提示了中国城市在接受外国设计和投资方面准备的不足；北京长城饭店（美国培盖特国际建筑师事务所，1979—1983 年）显示了古都对第一座玻璃幕墙建筑的慨然接受。

中国建筑师在亲眼看见外国建筑师的作品的同时，也惊讶地看到自己与世界建筑的巨大差距。他们一方面直面现代建筑为代表的西方建筑文化，另一方面是难以割舍的民族情怀。面对各种建筑观念、思想片段在很短的时间里一起碰撞、混杂并产生的种种矛盾，建筑界在思想意识方面的波动，带来了观念的更新。中国的建筑艺术创作进入一个新的时代。

当代建筑思潮的发展

当代中国建筑思潮的发展历程，大致可以分为以下几个时期：

1979—1989：震荡与反思

1978 年 12 月中共十一届三中全会以后，伴随着政治体制的转型，经济体制改革和对外开放带来了中国建筑艺术领域的拨乱反正。1979 年 8 月，全国勘探设计工作会议提出了“解放思想，繁荣建筑创作”的口号，这是改革开放后中国建筑界的第一次大讨论，讨论的核心是中国建筑的发展道路和是否应该保持民族特色。改革开放之初的几年，有关新建筑的创作讨论，尤其是“民族形式”的问题引起了一系列的争论。正是在思想解放的气氛中，建筑师们开始畅所欲言。

一批介绍和翻译国外优秀的建筑作品、建筑大师的名著和建筑理论的著作很快问世，为中国建筑界引进理论、交流思想、开拓思路提供了重要途径。当中国建筑师在感受巨大差距的同时，所希望的改变与赶超是空前迫切的。“观念更新”成为建筑界关注的主要问题。“令人称奇的外国建筑大师的经典之作以及外国的建筑理论和思潮，就在中国建筑师面前，并形成了巨大的冲击波，对中国建筑师形成冲击波，冲击着现有的建筑观念、设计方法乃至中国的建筑材料和建筑设备工业”。

伴随现代建筑思潮的力量日益强大，传统建筑思想的力量也显现出来。这种对立在建筑界最终表现为民族形式和现代建筑的矛盾。一部分建筑师试图确立以“社会主义内容，民族形式”为主导的中国建筑创作；一些倡导现代化的建筑师则主张抛弃过去腐朽和不符合现代功能的形式，走现代主义建筑之路；还有一些建筑师则呼唤中国建筑走民族化、现代化的道路，以优秀的传统为出发点进行革新。围绕这些主张，这一时期的建筑创作也主要表现为种种关于如何体现民族性和现代性的尝试。

一些国外的建筑理论在这个时期也大量进入中国。然而，这时期对国外经验的大规模引进还是很不全面，部分建筑师只是借用外来的一些建筑理论片断和形式片断作为设计的理论支持。同时，在接受现代主义建筑理论的同时，也接受了西方社会出现过的对于它的种种反对和修正的建筑思想，其中就有从美国生搬硬套引进的“后现代主义”。由于后现代主义建筑晚于现代主义建筑理论，并且它是以对现代主义建筑批判为目的出现的，很多建筑师误认为后现代主义建筑更具有时代精神。这也导致了中国现代建筑发展脚步的迟疑。但是，在某种程度上，后现代建筑理论也起到了积极的推进作用，它使中国建筑从追求统一模式走向多元探索的阶段。

20 世纪 80 年代是中国建筑思想意识最为活跃的年代。思想意识方面的波动带来了很多新的思潮，80 年代末陆续登陆中国的还有解构主义理论、查尔斯·詹克斯的“晚期现代主义”，以及一些新规则的生态建筑理论、场所理论、建筑类型学建筑理论。但是，由于中国社会经济、文化长期落后，缺乏本土工业革命的洗礼，缺乏科学技术和全新的思想武器，很多外来理论不符合中国当时的国情而不能被完全运用。在中西理论、艺术互相碰撞与融汇的矛盾中，中国建筑的特征已很难分辨出来。

中国建筑师在吸取经验的同时不断创新，从而形成自己完善的建筑理论体系。中国现代建筑艺术既包含“中国现代”本体发出来的活力，也包含可以为它接纳的异域和传统。这个“包含”不是全盘照搬，既不是全盘西化，也不是全面复古。建筑师们开始重视建筑现象、形式、风格和它与建筑思潮的联系，并加以深入研究，这使得 80 年代以来创作了大量既侧重于从传统、时代感，也侧重于从异域借鉴灵感的优秀作品。比如探索建筑的民族形式的曲阜阙里宾舍，探索地域风格的拉萨饭店，移植外国建筑语言的中国国际展览中心 2—5 号馆，探索体现中国传统文化与现代精神结合的北京王府饭店、北京奥林匹克体育中心、敦煌航站楼等，以及武夷山庄、北京昆仑饭店、广州白云宾馆、杭州黄龙饭店、深圳国际贸易中心、上海龙柏饭店等，也显现出了开放之初中国建筑师不同的建筑创作取向。

建筑设计的本质是功能、技术、艺术三方面密切结合的。外国建筑流派对中国建筑的影响，打破了国内封闭传统美学的局面，丰富了中国的建筑理论，同时也推动了中国建筑技术、观念和材料的发展。

早在 20 世纪 50 年代末 60 年代初，受国际现代建筑运动探索新结构和新技术热潮的影响，出现了很多基于技术创新的现代建筑艺术作品，各种钢筋混凝土的薄壳、网架和悬索结构开始运用，带来了中国建筑技术的革新和技术革命，出现了一些具有很强的现代性的建筑，如：重庆山城宽银幕电影院（1960年），采用钢筋混凝土筒形薄壳结构；北京工人体育馆（1961年），采用圆形双层悬索结构屋顶；等等。但是，改革开放初期的中国建筑创作，除了少数的建筑类型如高层建筑以外，建筑创作的技术含量低，资金缺乏，建筑的技术手段有限，同时也相对较少。这主要是因为国家总体工业化水准较低，而中国建筑师又素来注重人文（形式）而轻技术。

80年代后，第三次新技术革命的浪潮再次冲击中国建筑界。在1983—1984年间，中国建筑界迎来了建筑技术的新高潮，这迫使建筑师们开始思考和迎接新技术的挑战。这个时期也开始引进计算机在设计中的运用，这使得很多技术问题得到解决，也给建筑创作带来了新的发展途径，尤其是对于高层建筑的发展。中国建筑师从外国建筑师在中国的作品中清晰地看到了在建筑技术方面的差距，明白了建筑技术是建筑进步的动力之一。同时，结构技术、建筑设备、新型材料以及建筑节能等技术，也成为中国建筑师逐步关注的焦点。

坐落在福建武夷山大王峰与幔亭峰麓的武夷山庄，以独特的建筑风格与环境融为一体。

广州环市路一带远眺，左前为白云宾馆。

1990—1999：多元与整合

与 80 年代相比，90 年代的中国建筑艺术思潮更加多元化，在建筑思潮多元化的大潮中，西方文化对中国建筑的影响越来越大。在经历了后现代主义、解构主义、地方主义、新理性主义等建筑理论的洗礼后，建筑师们不知不觉地把西方建筑看作是现代的同义词。对外来文化的引进，不仅仅局限在风格、流派，还包括设计方法论的介绍。

同时，由于中国建筑的发展与政治经济的脉搏从来是息息相关的，20 世纪 90 年代初期，随着经济和城市建设的高速发展，中国进入了一个大规模的建设时期，各种形式风格只要适合于创造新奇的形式，都可以加以应用。一些建筑作品盲目地抄袭、模仿西方传统建筑，“欧陆风”建筑成为一种商业的时尚。这个时期的建筑艺术发展呈现出混乱无序的状态，城市建筑陷入了“千楼一面”的重复模式。

90 年代中期，走过多元化探索阶段，建筑师们开始对前一段建筑形式的发展进行反思，重新探寻适合中国特色的建筑文化道路。环境、文脉、建筑文化遗产的保护与利用以及可持续发展等问题成为建筑师们关注的热点。此时的建筑不再是完全的模仿、沿袭传统建筑形式，而是遵循持续、高效、和谐的适应原则来体现建筑的个性与城市环境的共存。虽然 90 年代建筑艺术的发展不能与当时建筑数量增长的速度相比，但是从整体上看，中国的现代主义建筑还是在不断进步。建筑师们在运用各种风格手法的同时，更加注重建筑的新材料、新技术。中国建筑艺术形式发展由单一性转向了个性化、时代化的多元方向。

在这个过程中，出现了一大批优秀的建筑艺术作品：由张锦秋设计的陕西省历史博物馆体现了浓厚的民族传统特色，还有吴良镛设计的体现人居环境的菊儿胡同、关肇邺设计的清华大学图书馆新馆和南京梅园周恩来纪念馆等。

同时，中外合作设计有了极大的发展，许多建筑项目从设计竞赛开始，就对外开放，采取国际招标的形式。继上海浦东规划国际招标之后，深圳新区中心、深圳跳水馆、北京国家大剧院、上海浦东机场、上海金茂大厦、北京西单中国银行、北京奥体中心和北京 CBD 商务中心等都采取了国际招标的方式，经过优选，确定实施方案。“这 10 年间，北京有 20 多个项目是海外建筑师设计，……从 1992 年到 1997 年初，上海已建成的合作设计项目有 120 余项”。更重要的是，这类大型国际竞赛方案都向市民展出开放，广泛征求意见，为老百姓参与规划设计创造了条件，这些措施体现了中国建筑设计与国际接轨的前进步伐。

1999 年 6 月，在人民大会堂竣工 40 周年之际，以“21 世纪的建筑学”为主题的第 20 届世界建筑师大会在这里召开，这是 20 世纪国际建筑学会举行的最后一次大会，也是第一次在中国举行的国际建

贝聿铭设计的中国银行总行大厦，与他设计的美国华盛顿国家美术馆东馆、香港中国银行、法国巴黎卢浮宫玻璃金字塔等一样，具有强烈的几何雕塑感。

筑学盛会。会议讨论并通过了由吴良镛先生执笔的《北京宪章》，这标志着跨世纪的建筑师们在回顾和反思百年来现代建筑发展成果的同时，对新世纪开始了理性的思考和展望。正如《北京宪章》中所说："我们需要激情、力量和勇气，以更广阔的视野、更深邃的眼光，自觉思考 21 世纪建筑学的未来。"

2000 年至今：理性与创新

21 世纪初，随着中国加入世界贸易组织、北京申办 2008 年奥运会成功、上海申办 2010 年世界博览会成功、广州承办 2012 年亚运会以及中国经济的高速增长，中国成为全球关注的焦点的同时，也成为世界建筑师的舞台和竞技场。很多跨国公司掀起了新的投资中国的高潮，相当数量的海外建筑设计师开始参与中国的各项设计项目，更频频在一些重大的标志性建筑的投标中获胜。据《全球化冲击——海外建筑设计在中国》一书不完全统计，从 2000 年到 2007 年，就有欧美、加拿大、日本等国建筑师的作品近 200 个，其中包括大众所熟悉的中央电视台总部、首都机场 3 号航站楼，以及 2008 年北京奥运会主场馆鸟巢、国家游泳馆水立方、上海大剧院等，给中国建筑界带来了巨大的冲击。

这个时期国外大量的建筑作品登陆中国，说明了决策者的思想开放，正是这种竞争与合作，才使国内建筑师更快地成熟。这一系列的作品标志着中国“国际主义潮流”的形成，大量海外建筑师的作品也引发了国内建筑师们关于中国建筑发展的新一轮的争议。

同样在这个时期，“先锋建筑”在青年建筑师们的努力下正式登上中国现代建筑艺术发展的历史舞台。1999 年 6 月 22—27 日，第 20 届世界建筑师大会上，中国青年建筑师实验性建筑作品展的曲折参展经历引起外国同行的高度关注，这群青年建筑师试图努力与世界建筑思潮同步，正说明其与主流文化的交锋与对峙。2001 年 9 月 21 日至 10 月 28 日，在柏林“亚太文化周”上举办的题为“土木”的“中国新建筑”展上，主办方德国国际城市文化协会和柏林 Aedes 美术馆邀请德国建筑师进行作品挑选，张永和、刘家琨、马清运、南大建筑和王澍以及艺术家艾未未的作品入选。

一批优秀的中国建筑师开始成为现代建筑赛场的主角。2006 年，马岩松设计的流线型高层公寓“梦露”大厦在加拿大中标，这是中国建筑师首次通过国际公开竞赛赢得设计权。2012 年 2 月 27 日，中国建筑师王澍获得建筑学界的诺贝尔奖——普利茨克奖。他是第一位获此殊荣的中国公民，并且是第四年轻的得奖者。

以上种种表明，中国建筑师已经开始产生国际影响，在建筑文化的世界格局中显露出自己的特色。

多元化的建筑风格

关于传统的再认识，对于几十年所走道路的反思，以及中外文化和思想的交流，还有建筑创作任务的空前规模，都推动了当代中国建筑多元化格局的形成。这个时期，中国建筑风格丰富多彩，大致可划分为新传统主义、新古典主义、新地域主义、本土多元现代主义、新环境主义几种。

新传统主义

新传统主义也称古风主义，是一种传统形式的现代表现。

在中国现代建筑艺术的发展过程中，“西化”所代表的“现代”和“民族化”所代表的“传统”一直处于互相碰撞与融合的矛盾之中，然而“民族形式”的继承却一直是中国建筑创作的主要方向之一。传统建筑的现代继承也被学者认为是中国建筑界最明显、最持久、最广泛的思潮。

20 世纪 50 年代中期，以“大屋顶”为主要特征，形成了中国传统建筑文化的现代继承的第一次高潮；50 年代末的国庆工程掀起了第二次高潮；改革开放以后，又掀起了第三次高潮。

由于受当时政治的影响，前两次中国传统建筑文化的现代继承思潮潮起潮落的速度都很快。直至改革开放以后，随着思想的解放、技术的引进、体制的改革、文化交流的频繁，中国建筑师们从优秀的传统建筑文化出发，摆脱过去的“传统形式”、“民族形式”，将现代与传统结合，注重传统建筑内涵的发掘与发扬，而不是形式符号。建筑师们将传统元素按照比例、尺度、韵律、统一等手法融合到现代建筑上，使建筑具有时代精神。

1985 年，中国传统建筑文化现代继承思潮的代表人物戴念慈设计的阙里宾舍建成。宾舍位于曲阜市中心，紧挨孔庙，与孔府一路之隔。因为位于两处重要历史建筑的中间，所以宾舍严格控制高度，“它的东面不能高于鼓楼，西面不能高于钟楼；靠孔庙孔府两个面不能高于钟楼；靠孔庙孔府两个面的围墙要保持原样；外表形式要与孔庙孔府相协调”，整体上达到与古建筑群融为一体的效果。在平面布局上，借鉴传统的四合院式，组成若干院落，以回廊贯通，这既有传统特点，又形成室外共享空间。建筑采用钢筋混凝土结构体系，中庭十字屋脊采用了四支点正方形壳体结构，外部歇山屋顶顺理成章。这样，新结构和老形式没有任何矛盾。民族传统的筒板瓦曲线屋顶、青砖外墙，穿插白粉墙，既有传统又有新意。在建筑细节上，采用古雅的装饰，浮雕、书法、绘画、文物复制品等都烘托出强烈的文化气氛。阙里宾舍在形式上“中而新”，造型古朴，风格典雅，富于浓厚的文化内涵，与古城文脉和历史传统建筑相协调，是借古创今的优秀范例。曲阜阙里宾舍的建成，全面促动了传统建筑的革新。

这个时期，从传统出发所创作的建筑形式注重对形象的建构：挑选一些传统文化的形象素材作为母体和原型，然后对这些符号元素进行结合、刻画，或再加入一些传统建筑的常用手法，如对景、以小见

曲阜阙里宾舍外景

1987 年建成的北京图书馆新馆（今中国国家图书馆）

国家图书馆“回”字型阅览大厅

大等，通过这些提炼的符号与建筑有机结合。1987 年建成的北京图书馆新馆是其中的代表作，它位于北京西郊紫竹院公园北侧，处于清华大学与市中心之间。图书馆占地面积 14 万平方米，容纳藏书 2000 万，是一座规模宏大、设施齐全、技术先进的大型公共图书馆，也是中国的国家图书馆。工程由当时的建设部建筑设计院和中国建筑西南设计院联合设计，实施方案是在五位老专家（杨廷宝、张镈、戴念慈、吴良镛和黄远强）综合方案的基础上调整完成的。新馆采用了高书库、低阅览的布局，低层的阅览室环绕着高塔式的书库，形成了有三个内院的建筑群，吸收了中国庭院式的手法，呈现出馆、园结合的优美环境和中国书院的特色。建筑严整对称，各种屋顶丰富了构图，屋顶进行了简化，使用了明朗的蓝绿色，呈现出某种新意。主入口位于图书馆的南面，与紫竹院公园相对，迎合了使用者的两种心理状态：既是传统意义上最合适的入口位置，又给使用者带来最便捷愉悦的阅读环境。北图内到处散发着传统的建筑气息，如在一个庄严的楼梯旁的须弥座、带有山墙的屋顶、大的入口凉廊、建筑的空间布局和庭院形式等，都体现了传统的特征。整座建筑在现代的外观和传统的组成要素之间寻求平衡，使两者各得其所。

民族形式继承也可以说是一种新传统主义，在某些建筑类型或在某些特定的环境中应用这种表现形

陕西历史博物馆外景

北京东城区菊儿胡同居委会建筑

式是恰当的。张锦秋就是这方面的代表人物，她设计的表达现代内容和古代形象的西安唐风建筑很具现代性、时代感，是这一倾向的集中代表。西安作为唐朝都城，有着深厚的唐代建筑传统，但遗存不多。张锦秋在复原研究的基础上，设计出有开拓性的仿唐建筑。她所设计的陕西历史博物馆位于西安城中心，借鉴唐代建筑形象并加以改造和简化。建筑主体以基本陈列厅居中，两个主题陈列厅和临时陈列厅设在东西两侧，三部分都有一个小庭院，以简约的空间构图体现了“轴线对称，主从有序，中央殿堂，四隅崇楼”的传统章法。而博物馆的现代化首先反映在突破了传统博物馆的模式，可容纳复杂的现代功能——文物保护与陈列、学术交流、科研、科普以及文化休闲等。其次，在室内外空间和建筑细部中，也运用了现代建筑的观念和处理手法，因此使建筑体现出融合古今的整体艺术效果。陕西历史博物馆是 20 世纪 80 年代后期以屋顶形式模仿为主要特点的传统继承取向的代表。

在后来的“三唐工程”中，张锦秋更好地排除了“大屋顶”建筑的敏感性。“三唐工程”是西安南郊大雁塔（慈恩寺塔）风景区内与唐文化相关的三组建筑的总称，包括唐华宾馆、东南的唐歌舞厅和离大雁塔最近的唐艺术陈列馆。由于“三唐工程”毗邻大雁塔，设计师从建筑布局、体量、高度、造型、风格、色彩等方面，都使之与大雁塔及其历史环境协调。从严格对称的慈恩寺开始，以古塔为背景、突出古塔由近至远，建筑体量、高度呈现出富于韵律的变化，同时也充分考虑了由大雁塔俯瞰的良好视景。

类似的作品还有很多，如 1985 年建成的南京夫子庙市场建筑群、1990 年建成的南昌滕王阁等。

80 年代后期，城市中一些历史街区的潜在性大规模破坏受到关注，相应地产生了一些保存和保护的方法，吴良镛设计的北京菊儿胡同是其中的代表作品。菊儿胡同作为 1988 年北京危房改造的试点工程，实行分期改建，1990 年竣工。重新修建的菊儿胡同采用了“有机更新”的规划原则，保留有历史价值的建筑，修缮虽已陈旧但尚可利用的房屋，拆除破旧危房，逐步过渡，尽力保持历史文脉的延续性，形成有机的整体环境。设计者按照“类四合院”模式进行设计，抽取传统空间形态的原型，以多种住宅类型的三层小楼围绕着许多连续的庭院，代替了传统的独院式住宅。“新四合院”吸取了南方宅子的构成方式，被誉为“既有时代特点，又具有民族形式”的优秀建筑，也成为 20 世纪 90 年代中国最有世界影响的建筑之一。

新古典主义

新古典主义，也可称之为现代古典主义，是通过中、西古典建筑形式法则在现代建筑中的运用，隐喻建筑创作对象的内涵，使建筑作品取得非常稳重、均衡的艺术效果，其比例、构图、细部以及布局都十分严谨。因为它的这一特点，所以多被运用于著名古建筑附近或者是一些纪念性建筑、公共建筑、办公建筑上，如上海博物馆、河南博物院、淮安周恩来纪念馆、清华大学图书馆新馆、甲午海战纪念馆、北京金融大厦等。

上海博物馆位于上海人民广场的南北轴线上，南面是繁华的延安路商业步行街，北隔人民广场和人民大道与市政府相望，是当时中国最大的艺术博物馆之一。博物馆 1994 年建成，总建筑面积 38000 平方米，从造型上看像一个“鼎”。博物馆的设计构思被赋予了中国传统的“天圆地方”的寓意，采取下方上圆的体型，方形部分呈两级台阶状，有中国传统建筑之基座、台阶的形意。顶部为有 4 个高耸的拱门的夸张体型，象征东西南北向心。从建筑的造型上看，“方”象征四面八方，“圆”意味文化渊源之循环，“拱门”则代表向世界开放。博物馆的设计考虑广全方位的景观和五个立面造型的统一，形成环境空间的视觉中心，这样的轮廓和体型在同一时期中国其他城市的大型公共建筑中是很少见的。

隐寓着新老建筑的有机联系的清华大学图书馆新馆建成于 1991 年，位于清华大学的中心位置。新馆体量较大，是老馆的 3 倍，局部 5 层。为了避免突出新馆而置老馆于从属地位，设计师把新馆五层高的部分后退，而以低层部分布置在前方，以在尺度上求得与老馆的一致、协调。老馆是折衷主义的，大礼堂带有西方古典风格。为了让新馆融入周围的环境，使新馆和老馆以及大礼堂结合在一起，建筑师关

甲午海战纪念馆

上海博物馆

肇邺在三者之间作出轴线呼应关系，使它们既有联系，又保持相对独立。新馆和老馆之间有一个院落，新馆的入口巧妙地设置于院落之中，老馆的主入口仍然处于整个图书馆建筑群中最突出的位置。这个院落将两馆组织在一起，创造了一个尺度宜人、亲切安静的“中间地带”，为校园空间增加了层次。“新馆使用了与清华园老建筑一致的红砖、灰瓦，并作了适当的细节处理，使其在风格和尺度上和老建筑有更好的结合。但是新馆未重复老馆大量的拱窗，只在几个入口处的大片玻璃墙外设置了独立的圆拱门，以求得主题形象上的呼应，并表现了不同的时代特征。”

由彭一刚设计的甲午海战纪念馆建成于 1995 年，位于山东威海市的刘公岛南端，附近海域就是当年甲午海战的战场。纪念馆为两层，背山临海，依地形变化相互叠错，底层部分最大限度地伸向海面。一座宽大的台阶将人流引导上二层，从这里可以进入主馆的序言厅，再右转依次参观各个展室空间，或是走向观海平台。建筑师在造型上采用象征的手法，大门似一艘断裂的船体，渲染出一种沉重、悲壮的气氛。展馆各体块犹如相互穿插、重叠的船体。整幢建筑的轮廓犹如一艘由西向东行驶的军舰，体形上大起大落，体量和光影效果强烈。建筑的体型和雕像都带有叙事性，追求宏大的历史感。为了纪念英雄人物，入口处有巨大的雕像，一名清军将领手拿望远镜，注视着海面。具象的雕塑使普通人易于理解，同时也给海战馆带来了纪念性效果。

新地域主义

新地域主义就是侧重于表现地方、民族文化传统，在当代技术与传统文化中试图寻找到一个契合点。旧城改造中对传统城市肌理的保护以及对重要文物建筑周边环境的建设活动恰恰促进并推动了这一趋势，这是当今世界建筑界创作领域中的热点之一。

中国是个幅员辽阔的国家，不同地域的地形、地貌、气候等自然条件差异非常大，各地方的建筑文化、建筑形式和材料也有很大区别。正是由于这些地域特色，建筑师们从当地气候、地理环境等自然条件出发，结合各地方文化，创作产生了地域性建筑。中国的地域性建筑形式广泛多样，除了沿袭当地民居建筑的形式外，还有一部分对原有形式进行了简化或变形。“在中国建筑创作 50 年的曲折进程中，地域性建筑是成就最高、最具独立精神的创作倾向。”

比起我们常说的“传统”来，地域性建筑更具原创性。而这种自发的创作方向，早在上世纪 50 年代就有所探索。汪定主持的上海曹杨新村、夏世昌设计的广州鼎湖山教工体养所、林乐山设计的青岛一号俱乐部小教堂、莫伯治等设计的广州矿泉客舍、徐中设计的外贸大楼、陈植等设计的上海鲁迅纪念馆等，都因地制宜，充分结合了当地的气候、技术、经济、生活方式，具有明显的地方特色。

进入 80 年代，地域主义开始从自发状态转为建筑界主动追求的一种建筑思潮。新时期的地域性建筑创作在保留原有的特点之外，建筑师们开始追求地域主义建筑的现代性和艺术性。

1983 年建成开始营业的武夷山庄具有浓厚的闽北民居风味，它的特点在于：“一、有强烈的地方色彩，

吐鲁番宾馆

上海鲁迅纪念馆

这正是旅游者向往和追求的一种乡土情趣，也是外国旅游者心目中寻觅的‘异国情调’。二、因地制宜，就地取材，降低成本。”武夷山庄位于武夷山大主峰一侧、面对崇阳溪的斜坡地上，与武夷山国家旅游度假区一水之隔。武夷山庄借鉴和发展了闽北传统民居的特点，建筑依山就势，内外空间流畅，形象质朴清新，并大量地运用地方材料。坡屋面的悬梁重柱三段的处理手法，力求把建筑与环境、形式与功能、意境与手段尽可能完美地融汇在一起。建筑主体顺应地形，采用了错落有致的沿着斜坡南向平行布置的方式，获得了最好的风景线，从而将更多的自然风景引入建筑空间。建筑体形曲折跌落，富有节奏感。吊楼轻盈秀逸，大量地运用了斜坡顶，出挑垂莲柱的檐口和八角形的廊边小窗，其中尤以重叠穿插变化的屋面系统最富特色。建筑外部色彩和谐素雅，形成了一幅青山、绿水、红瓦、白墙相映相衬的画面。武夷山庄室内环境设计突出主题意境，隐喻武夷山世代相传的神话传说和历史典故。同时，凭借丰富变化的内部空间形态，发掘砖、石、竹、木等地方材料与砖雕、石刻、竹编等传统技艺来塑造内部空间形态，使其具有浓厚的地方色彩。

到了 90 年代，全球化带来的全新的地域性、多元文化使建筑师对于地域主义的追求不仅仅停留在最表象的形式层面和对西方观念的简单移植。建筑师们开始注重建筑与“地域性”的联系。首先，是对周围环境、地形、地貌的利用，一方面力求与环境和谐，减少建筑对环境的影响；另一方面使建筑成为环境景观中的主角或点缀，改善周围的自然景观。其次，是顺应当地的气候、温湿度、建筑材料等自然资源。如山东荣成北斗山庄的“海草石屋”、云南景洪傣族“竹楼”式宾馆等，就是运用当地的自然建筑材料，在节约造价的同时，创造出质朴的建筑形象。

还有一些建筑对地方性传统建筑的总体意象和一些建筑构件进行了提炼与运用，具有较强的现代意味。

敦煌机场航站楼位于世界艺术宝库莫高窟以北 15 公里的戈壁滩上，建筑由围合内庭的回字形旅客大厅和圆形平面的综合楼与塔台组成。旅客大厅封闭凝重的外墙面上纯刷土色，似河西土堡。外墙上大小不一的浅龛和开窗及北边墙面上的小佛龛，则明显源于莫高窟。综合楼和塔台均为白墙蓝顶，综合楼的屋顶和塔台的开窗盘旋向上，富有动感。

由刘谓设计的新疆吐鲁番宾馆则脱胎于当地少数民族特色的传统建筑：宾馆新楼建筑的凹字形围合空间上覆采光天棚的做法，源于维吾尔族的“阿以旺”；建筑中心的塔楼“意象”源于当地额敏寺的圆顶塔；而建筑中不断出现的、与塔楼圆拱顶相呼应的圆拱窗，则源于吐鲁番盛行的生土拱顶民居。但是，建筑师对这些传统建筑形式都予以高度的简化、抽象，因此，其简洁的形体和单纯的节奏、高耸的塔楼，都极富现代气息。

现代多元主义

在全球化背景下，当代世界建筑发展出现了多元、多价的特点，建筑创作中的新观点、新倾向层出不穷，而这些理论对当时正全面渴求现代化的中国正起到了积极的作用。人们在纷纷引用世界现代建筑大师们的论述为建筑应该表现的现代性寻找论据的同时，也不断地将当前的多元建筑文化有目的地移植，通过学习国外先锋建筑流派和对国外流行建筑形式的模仿以及对国外建筑结构、设备、材料的引进，试图开拓一条适合中国建筑发展的道路，实现中国建筑的本土创新。在中国，这个时期的许多作品几乎涵盖了当今西方的各种流派和流行思潮，新现代主义、后现代主义、解构主义、高技派等各类风格形式在中国均有体现。

新现代主义是影响 80 年代末、90 年代世界建筑发展的主流建筑思潮，同样对正逐步融入世界建筑发展潮流的中国建筑界产生影响。但中国的新现代主义思潮不仅仅受西方新现代主义的影响，还包括了世界上其他建筑思潮以及国内所固有的传统建筑思想的制约，因而表现得更具中国味道。

1983 年建成投入使用的广州白天鹅宾馆，采用高层客房楼与低层公共裙房组合的方式。客房主楼高 100 米，平面为腰鼓形，主立面上的阳台由斜板构成，在阳光下产生了丰富的明暗变化，极富韵律和节奏，显得雅致轻巧。洁白纯净的外墙颇有天鹅羽翼重叠之意。裙房部分则充分利用临江环境，大量使用玻璃，使建筑内外晶莹通透，波光水影浑然一体，建筑与环境紧密地融为一体。底层公共部分以“故乡水”中庭为中心，其间飞瀑流涧、亭桥相隔、花艳草碧，形成富有岭南庭院特色的室内园林空间，具

广州白天鹅宾馆的室内设计——“故乡水”水庭

深圳南海酒店

广州红线女艺术中心

有庭中有园、园中有景之感。建筑师将岭南地区传统的建筑和园林形式运用于高层宾馆建筑中，突出了建筑的艺术风格和地域特色，又不失简洁明快的时代特征。

深圳南海酒店位于深圳市蛇口区海滨，1985 年建成。建筑基地依山面海，因此建筑师们就将如何处理好建筑与自然环境之间的关系作为设计构思的立足点。建筑结合周围的地理环境，将五个相似的矩形单元和四个锥体依山就势组成弧形构图，舒展的建筑与山峦尺度相辅相成，自下而上采用层层退后的手法与山形契合，使每间客房都具有良好的海景视域。客房的圆弧碗状阳台成为突出的造型要素，提示了客房的组合韵律。再加上浅色墙面、深茶色玻璃以及鲜明的古铜色琉璃瓦与碧海、蓝天共同组成了一幅明快夺目的画面，被人们誉为“南海明珠”。

后现代主义也是一种表现倾向，但是优秀的成果并不是很多。北京燕莎中心的立面造型视觉效果强烈，尤其是凯宾斯基饭店，弧拱的顶部和规则点窗的实墙面相结合，造成强烈的对比。这组建筑造型简洁，现代感浓厚，其中运用简化的古典符号，如玻璃双坡门廊、弧拱造型、色彩等，使这座建筑具有后现代建筑的风格。北京恒基中心则是“既有现代化建筑的功能、体型，又有丰富、细腻的细节和经过抽象概括的古典片断，既有西洋古典，又有中国古典……檐口下采用神似变形的构件，‘有似斗拱不是斗拱’。还保留了重檐和下边的柱廊，大轮廓仍然是中式的，但柱式是西洋古典的”。

从“结构主义”中演化而来的解构主义尽管没有被大多数中国建筑师所接受，但与现代主义建筑显著的水平、垂直或简单集合形体的设计倾向相比，解构主义的建筑却运用相贯、偏心、反转、回转等手法，具有不安定且富有运动感的形态的倾向，颠覆了人们对建筑最初的理解和认识。其中比较典型的如1999年由著名建筑师莫伯治设计的广州红线女艺术中心。

广州红线女艺术中心方案设计中，如何以凝固的建筑艺术与戏剧舞姿之回旋飘忽、音乐曲调之婉转抑扬相映成趣，并给人以相辅相成之艺术享受，是建筑师创作的初衷，也是对建筑师的一种挑战。建筑师“以空间体量为构图要素，以错位、组合、扫转为构图手法，使整个建筑造型表达了一种婉转回旋的动感，使戏剧艺术与建筑艺术在观感上和意念上达到融会与沟通……是以建筑艺术形象表现戏剧艺术家的创造与激情的一种尝试”。

深圳报业大厦于香港回归前夕的1997年6月30日落成，大厦的设计围绕着“新闻文化”这一特定的主题，结合环境文脉作了多方面的探索。在造型上，采用了抽象象征的手法，通过突出的斜线、球形、弧形等几何构图，使人产生“报纸”、“风帆”及“旗舰”等联想。这些象征“语义”建立在纯粹的建筑语言的基础上，与建筑的空间构成、界面关系、结构与构造同为一体，保持纯粹的建筑感。

深圳报业大厦

1990年的北京中国国家奥林匹克中心。第十一届亚运会的田径、游泳、跳水、曲棍球等项目在此进行。

高技派也称重技派，突出当代工业技术成就，崇尚“机械美”，强调工艺技术与时代感。上世纪80年代后期到90年代，国内陆续建造了一批大跨度建筑，如为筹办1990年北京亚运会而兴建的国家奥林匹克中心中的8座体育馆、深圳体育馆、广州天河体育馆、首都机场2号航站楼等，它们表现出了高技术与建筑艺术的有机结合，使人们领略到新时代技术美的魅力。

国家奥林匹克中心的中心体育馆总建筑面积25000平方米，是1990年亚运会新建体育馆中最大的。体育馆的平面形状为六边形，屋盖东西两柱的间距为99米，南北跨度为70米；比赛大厅为长方形斜切角，尺寸为93×70米，比赛场地尺寸为40×70米。体育馆体型设计是采用双坡凹曲线屋面，中心较一般场馆要高出很多。整个立面造型是与结构设计紧密配合进行的，屋盖部分结合建筑造型，采用了国内首创的斜拉双坡曲面组合网壳。

厦门高崎机场3号候机楼以一个完整的大空间组织各种功能。“这个大空间由钢筋混凝土框架支承14根跨度为73米的钢筋混凝土‘上下弦杆变坡拱形屋架’。屋架上弦暴露在外形成透空的坡线，下弦暴露在室内，和混凝土柱形成传统式梁架关系。为了加强结构的整体性，多排纵向窗框被设计为多跨连续的空腹桁架，与屋架的竖向腹杆连接，桁架、腹杆之间全部采光。这一在室内外充分暴露和表现的经济的结构体系，可以说是高技思想下对‘适宜技术’的采用。”

不难看出，高技派的观念和创作方法，如暴露结构和设备、设计开发、适宜技术以及对技术美感的表现等，已成为当代大跨度建筑的主要设计手法。在技术表现过程中，技术渐渐被“艺术”化了。

新环境主义

新环境主义，也称生态主义，是立足于生态思想和原理上的建筑规划设计理论和方法。概括地说，是用生态学的原理和方法，将建筑室内外环境作为一个有机的、具有结构和功能的整体系统来看待，以人、建筑、自然和社会协调发展为目标，有节制地利用和改造自然，寻求适合人类生存和发展、符合生态观的建筑室内外环境。这是近几年建筑发展的新思潮，可持续发展战略，节约资源，营造绿色生态建筑、生态环境等新的课题，摆在了建筑师们的面前。

王澍设计的中国美术学院象山校园一、二期工程设计，就是体现出技术与人文结合的可持续设计在中国的实践案例。校园设计充分运用了中国传统建筑环境设计观念，强调自然通风、遮阳、旧建筑材料的再生利用、自然生态的乡土植物、构造上的雨水搜集系统等技术方法。形态上，其运动曲线和丘陵的起伏相呼应，回廊和走廊像蛇一样穿梭在建筑的内与外，好像加强了建筑的呼吸。随着全球性可持续发展战略的确立，这种新的生态价值观体现出的整体性正是 21 世纪作为人类生命的新纪元下可持续设计的新形式。

王澍设计作品：宁波博物馆

外国建筑师在华作品

中国引进海外建筑设计的历程，也可以分为三个阶段。

第一阶段为 1979—1989 年，这段时间的海外投资和建筑设计对各城市都较为新鲜，并在设计和工程领域起到示范作用。这一时期的主要建筑类型是旅游宾馆、酒店，代表性实例有北京的建国饭店、香山饭店，天津的水晶宫饭店，南京金陵饭店，上海的华亭宾馆、静安希尔顿酒店等。

上海浦东陆家嘴建筑群，其中多座出自外国建筑师之手。曾经的中国第一高楼金茂大厦（420.5 米，1999 年竣工）如今已屈居上海第三，被在建的上海中心大厦（图中右侧，设计总高度 632 米）远远抛在后面。

第二阶段为1990—1999年，这一时期海外投资和建筑设计在各个城市悄悄地加速进入，21世纪落成的一些引人注目的建筑也是在这一时期进行招标竞赛的。这一阶段的海外建筑设计仍然是本土建筑师学习的楷模。综合性高档办公写字楼成为这一时期的主导建筑类型，代表性实例有北京的中日青年交流中心、中国国际贸易中心、中国银行总部，上海的金茂大厦、上海大剧院，深圳的地王大厦等。

21世纪开启了输入海外建筑的第三阶段。新一轮的建造引发了对新世纪建筑风格及发展方向的思考和争论，其中最著名的莫过于国家大剧院、北京奥运会场馆、中央电视台新大楼和广州大剧院。

中国国家大剧院位于北京市中心的天安门广场西，人民大会堂西侧，西长安街以南，由国家大剧院主体建筑及南北两侧的水下长廊、地下停车场、人工湖、绿地组成，总占地面积11.89万平方米，总建筑面积约16.5万平方米，其中主体建筑10.5万平方米，地下附属设施6万平方米。主体建筑由外部围护钢结构半椭圆形壳体和内部2091个坐席的歌剧院（含站席2398）、1859个坐席的音乐厅（含站席2017）、957个坐席的戏剧院（含站席1040）、公共大厅及配套用房组成。椭圆形壳体外环绕人工湖，湖面面积达35500平方米，各种通道和入口都设在水面下。

国家大剧院由法国建筑师保罗·安德鲁主持设计，2001年12月13日开工，2007年9月建成。大剧院造型前卫，构思独特，庞大的椭圆外形在长安街上显得像个“天外来客”，与周遭环境的冲突让它显得十分抢眼。这座建筑的设计方案从设计中标的那一天开始就没有停止过争议，造价、环保、与环境的关系等方面都曾是争议的焦点。

2008年奥运会场馆中最著名的莫过于瑞士赫尔佐格和德梅隆设计公司与中国建筑设计研究院组成的联合体设计完成的国家体育场“鸟巢”，以及由中国建筑工程总公司、澳大利亚PTW建筑师事务所、ARUP澳大利亚有限公司联合设计的国家游泳中心“水立方”。

“鸟巢”位于北京奥林匹克公园中心区南部，为2008年第29届奥林匹克运动会的主体育场。工程总占地面积21公顷，建筑面积258000平方米。场内观众坐席约为91000个，其中临时坐席约11000个。它最大的特色就是主体钢结构——马鞍形钢桁架编织式“鸟巢”结构形成整体的巨型空间。奥运会后，这里成为北京市民广泛参与体育活动及享受体育娱乐的大型专业场所，并成为具有地标性的体育建筑和奥运遗产。

而国家游泳中心的设计体现出$[H_2O]^3$（“水立方”）的设计理念，它最引人注目的就是融建筑设计与结构设计于一体、根据细胞排列形式和肥皂泡天然结构设计而成的膜结构。设计者为“方盒子”包裹上了一层建筑外皮，上面布满了酷似水分子结构的几何形状，表面覆盖的ETFE膜又赋予了建筑冰晶状

国家游泳中心“水立方”夜景

国家体育场“鸟巢”

的外貌，还能为场馆内带来更多的自然光，使其具有独特的视觉效果和感受。此外，它体现了诸多科技和环保特点：合理组织自然通风、循环水系统的合理开发、高科技建筑材料的广泛应用，都共同为国家游泳中心增添了更多的时代气息。

位于北京 CBD 的中国中央电视台新大楼是另一栋引起广泛探讨的建筑。总建筑面积约 55 万平方米的央视新楼建筑由荷兰建筑师库哈斯设计，其主楼高 234 米，两座塔楼向内倾斜 6 度，在 163 米以上由 L 形态臂结构连为一体，完全打破了现有的建筑常规。这座建筑的外型、空间效果、设计理念、造价等方方面面都在国内引起了巨大的争议，自设计到施工建设、最终建成，央视大楼始终处于各种“流言蜚语”的包围之中，并逐渐成为一个舆论话题。

由女建筑师扎哈·哈迪德（Zaha Hadid）设计的广州大剧院地处珠江新城，其外部形态独特，犹如一个平缓的山丘上置放的大小不同的两块石头，被形象地称为“双砾”。其中，“大石头”是 1800 座的大剧场及其配套的设备用房、剧务用房、演出用房、行政用房、录音棚和艺术展览厅；“小石头”则是 400 座的多功能剧场及配套餐厅。两者皆为屋盖、幕墙一体化的结构，整体性外壳最大长度约 120 米，高度 43 米。“‘鸟巢’起码有四分之一是对称的，而广州大剧院没有一个节点相同”。要将“圆润双砾”的非几何形体设计从图纸变成现实，需要克服前所未有的施工难题。仅大剧院的钢结构——三向斜交折板式网壳，就有 64 个面、47 个转角，每一个钢件都是分段铸造再运到现场拼接，每一个节点从制造到安装均要在空中进行准确的三维定位。当时，国内对如此复杂的钢结构还没有规范可循。

如果说早期的十大建筑还有传统保守的印记，那么新世纪的建筑则明显反映了改革开放后多元共存的局面。而国家大剧院、奥运场馆、中央电视台新楼、广州大剧院的这些建筑设计，以及由它们引发的各种讨论和反思，体现了当今建筑界开放、活跃的氛围和追逐时代新潮流的特点，也预示着未来建筑的新趋向。

北京商务中心区（CBD）远眺。左侧的国贸三期（330米，为北京最高建筑）由美国SOM建筑设计事务所设计，右侧的中央电视台新大楼由荷兰人雷姆·库哈斯和德国人奥雷·舍人带领大都会建筑事务所（OMA）设计。

广州大剧院鸟瞰

香港、澳门、台湾建筑的发展

香港建筑

香港是一个拥有多元文化的国际大都会。近百年来，这个孕育在东方土壤上的迷人港口经受了西方文化的深刻影响，形成了独特的城市风貌，有“东方之珠”的美誉。

当今香港城市面貌的形成可以说是从 20 世纪 70 年代后开始的。70 年代的石油危机和美元危机，导致世界经济不景气，却成就了香港。大量发达国家的投资注入香港，使得香港一跃成为世界第三大金融中心。这期间恰逢中国大陆开始实行改革开放，对香港的繁荣也影响巨大。香港迎来了城市建筑大规模建设的繁盛时期。

人口的持续增长必然伴随着新市镇和住宅区的大规模开发，自 70 年代中期以来，香港政府非经常性开支的一半以上是用于兴建新市镇。进入 80、90 年代，“九七回归”带来的一系列重大历史事件使得香港平稳进入过渡期，更大规模的开发建设仍在不间断地进行，如将军澳、太古城居住区的兴建。同时，也出现了许多优秀的住宅建筑设计，如关吴黄建筑师事务所设计的浅水湾花园大厦，以其优美的外观造型成为城市中颇具吸引力的景观。到今天，香港已经形成了以港九母城为核心、八个新市镇为次核心以及向新市镇过渡的乡镇这样的大格局。

在公共建筑方面，80 年代以来，对香港乃至世界产生影响的作品大都出自外国建筑师之手，比如 1982 年巴马丹拿建筑师事务所设计的置地广场、1986 年福斯特设计的香港汇丰银行大厦、1988 年鲁

从香港太平山顶俯瞰维多利亚港两岸

道夫设计的奔达中心、1989 年贝聿铭设计的中国银行大厦。这几栋大厦到今天仍然是香港城市景观中最令人瞩目的部分。

此后，香港的本土建筑师也开始崭露头角。从 1990 年王欧阳建筑师事务所设计的太古广场，到 1992 年伍振民设计的中环广场和严迅奇设计的万国宝通银行大厦，都向世人展示出香港建筑师的实力。再往后，有徐腾的芳草地、王维仁的香港岭南大学社区学院、吕元祥的汇基书院学生宿舍及综合大楼等。到现在，香港本土建筑师可谓人才济济。

今天的香港是个高密度的城市，大量摩天大楼分布在维多利亚港两岸，高度超过 90 米的建筑逾 3000 座，形成全球密度最高、最宽的天际线。从太平山顶俯瞰维港两岸，或从尖沙咀往港岛方向眺望，优美的海景及城市景观向世人展现着这个城市的人造奇迹。

澳门建筑

季羡林先生曾经说过：“在中国 5000 多年的历史上，文化交流有过几次高潮，最后一次也是最重要的一次，是西方文化的传入。这一次传入的起点，是明末清初；从地域上来说，就是澳门。”

澳门在 19 世纪以前是中国主要的对外港口，也是当时亚洲地区重要的国际港口。贸易活动的繁荣吸引了世界各地的人群汇集而来，一个融合欧、亚、非、美四洲人民的“华洋杂处”的国际城市由此诞生。葡萄牙人将这个用城墙围起来的城市命名为“天主圣名之城”，今天的澳门历史城区就是其核心部分。

澳门历史城区是中国现存年代最久远、规模最大、保存最完整和最集中的以西式建筑为主，中西式建筑交相呼应的建筑遗产。它是西方宗教文化在中国及远东地区传播之历史的见证，更是 400 年来中西文化交流、多元共存的结晶。这片建筑群展现了中国和东西方不同国家在空间关系、结构概念、建筑风格、美学观念和工艺技术等方面的交融渗透。

在这个城区中，既有耶稣会、圣奥斯汀会、圣多明哥会（道明会）等不同修会的教堂，也有基督教墓园里的马礼逊小教堂；中式的妈阁庙里也有观音阁、福德祠（土地庙）。在不大的范围里容纳着不同文化，保存着不同特色的纪念建筑，并且相互影响、相互渗透，相映成趣。

1961 年葡澳政府将博彩业合法化之后，澳门的博彩业开始在其经济中产生举足轻重的影响。1999

澳门市政厅广场

澳门新老葡京酒店（中、右）和中银大楼

年回归祖国时的澳门已有赌城、赌埠之称，与摩纳哥蒙特卡洛、美国拉斯维加斯和大西洋城合称“世界四大赌城”。新的娱乐建筑以巨型的尺度和嫁接的风格完全改变了澳门的城市肌理，建筑风格出现了显著的变化。以澳门威尼斯人（度假村）酒店、新葡京酒店、美高梅酒店、永利酒店、星际酒店等为代表的一批巨型尺度的现代商业建筑成为澳门新的地标。澳门正从一个小型建筑为主的城市演变为巨型建筑为主的城市。

台湾建筑

台湾由于其特殊的地理位置，自 17 世纪以来就一直处于不同的文化与政权交替影响之下，从荷西殖民政府、明清政权到日本殖民政府，政治风云的变幻对建筑的发展产生了根本性的影响。1945 年，台湾在被日本殖民统治 50 年之后，重回祖国的怀抱，政治与文化的重大变革也明显地反映在建筑方面。虽然现代建筑在日本殖民台湾期间就被引进台湾，台湾的建筑师真正掌握到文化主体性却始于战后中国大陆来台的建筑师。

20 世纪 50 年代，大陆抵台的建筑师有关颂声、卢毓骏、王大闳等，他们属于台湾第一代建筑师，这些建筑师学贯中西，为台湾带来了现代主义建筑，台湾建筑院校和建筑师开始引入现代建筑理论和实践。另一方面，自 50 至 70 年代，西方现代建筑理论也开始进入台湾的学术界。这一时期是台湾建筑的转型期，是现代建筑移植到台湾的时期，这种移植并非外国建筑师的强势引进，而是台湾建筑师内部蕴涵的现代意识的萌发。因而，现代建筑的技术理性、功能主义与中国文化的认同和形式表现始终并存。

20 世纪 50 和 60 年代，台湾的许多建筑师努力探索中国传统元素的表现，然而，受意识形态的制约，这些建筑很少能突破 30 年代的范式。这一时期的仿古建筑代表作有杨卓成设计的台北圆山饭店、黄宝瑜设计的台北故宫博物院、卢毓骏的中国文化大学大仁馆和修泽兰设计的阳明山中山楼等，由于脱离传统建筑语境，与同时期大陆国家主义建筑（如北京十大建筑）相比，这些建筑大都显得比例失当、手法粗劣，过于追求建筑的形似而忽略了传统精神的表达。这种因循守旧的建筑思想在当时就受到一些建筑师和学者的批判，他们认识到多元化的现代建筑的必要性，王大闳和汉宝德是其中最具有代表性的人物。王大闳主持设计的国父纪念馆（1965 年），就是一个在传统形式中融入现代主义理念的优秀作品。

20 世纪 80 年代台湾经受了多元化的影响，公共建设开始蓬勃发展，民间企业兴旺，商业主义盛行。这一时期开始，办公大楼和商业建筑方兴未艾，为建筑师们提供了前所未有的机遇。

李祖原（1938— ）是台湾建筑创新的代表，他致力于将东方哲学融入建筑之中。他设计的台北 101 大厦（2003 年竣工），成为当代台湾建筑的代表。这座建筑在今天的台北无疑是最具影响力的，可以说是一座建筑控制了城市空间。

台北国父纪念馆，为纪念孙中山先生百年诞辰而兴建。纪念馆为宫殿式建筑，馆外有中山公园环绕，还有九曲桥、池塘、假山、柳树等景色点缀。

台北 101 大楼，高 509 米，2003 年 10 月竣工后成为世界第一高楼，直到 2007 年 7 月被阿联酋的迪拜塔超越。该楼融合东方古典文化及台湾本土特色，造型宛若劲竹，节节高升、柔韧有余。

20 世纪 90 年代对于台湾建筑来说是一个非常重要的多元化时期，政治的解严与经济的快速发展，提供了创作的机遇。一大批毕业于美国东海岸常春藤大学建筑系的年轻建筑师带来了一股人文主义建筑的新风，他们善于从生活中探索设计的契合点，将设计与社会调查、民众参与相结合，表现出建筑设计理念的多元化。如邱文杰等设计的 921 地震教育园区（2001—2007）、张清华等设计的台北市立图书馆北投分馆 (2006)、廖伟立设计的黑面琵鹭保育管理中心（2003—2006）、龚书章等设计的屏北高级中学(2004)等。建筑师谢英俊更是自台湾 921 大地震(1999)后，辗转于河南兰考(2006)，安徽南塘(2007)，四川青川、汶川及茂县（2008），台湾南部（2009）等受灾的地区，参与灾后重建工作，成为哪儿有灾难往哪儿跑的“游牧型”建筑师。

进入 21 世纪以来，台湾建筑设计也开始向世界开放，频繁地进行了许多国际性竞赛，也邀请了许多国际级的建筑师参与及合作，产生了一系列非常具有前瞻性的作品，如富邦总部大楼、台新金控总部大楼、高雄世运主场馆、台中大都会歌剧院、台大社会科学院、台北艺术中心、台北流行音乐中心以及高雄卫武营艺术文化中心等。

附录：中国历史年代简表

旧石器时代	约 170 万年前—1 万年前
新石器时代	约 1 万年前—4000 年前
夏	约公元前 2070 年—公元前 1600 年
商	公元前 1600 年—公元前 1046 年
西周	公元前 1046 年—公元前 771 年
春秋	公元前 770 年—公元前 476 年
战国	公元前 475 年—公元前 221 年
秦	公元前 221 年—公元前 206 年
西汉	公元前 206 年—公元 25 年
东汉	公元 25 年—公元 220 年
三国	公元 220 年—公元 280 年
西晋	公元 265 年—公元 317 年
东晋	公元 317 年—公元 420 年
南北朝	公元 420 年—公元 589 年
隋	公元 581 年—公元 618 年
唐	公元 618 年—公元 907 年
五代	公元 907 年—公元 960 年
北宋	公元 960 年—公元 1127 年
南宋	公元 1127 年—公元 1279 年
元	公元 1206 年—公元 1368 年
明	公元 1368 年—公元 1644 年
清	公元 1616 年—公元 1911 年
中华民国	公元 1912 年—公元 1949 年
中华人民共和国	公元 1949 年成立